湘水

何光武

岳麓书社 · 长沙

编委会

（以姓氏笔画为序）

万俊人　邓晓芒　叶小文　朱汉民

杨念群　卓新平　郑佳明　韩少功

总　编

马美著

主　编

黄友爱

装帧设计

吴颖辉

主　办

岳麓书社

编　辑

《湘水》编辑部

地　址

湖南省长沙市爱民路 47 号

邮　编

410006

电子邮箱

hxq0731@163.com

目录

第八辑

湘水寄语

永州三溪小辑

人文景观

中华文明视野中的『虞廷心传』

钟　君

走出“疑古时代”，我们奔向了实证“我国百万年的人类史、一万年的文化史、五千多年文明史”的新时代。在深化中华文明探源工程的过程中，山西襄汾陶寺遗址的考古发掘与研究成果，越发指向其为尧舜都城之所在。“天下明德皆自虞帝始”（《史记·五帝本纪》），长期被视为中华道德文明鼻祖的虞舜，正在从传说走向真实。

作为历史存在，舜的真实性仍需进一步考古确证；作为文化符号，舜实实在在地影响了中华文明数千年。从孔子“祖述尧舜”（《中庸》），追慕效法尧舜的道德与言行，到孟子“言必称尧舜”（《孟子·滕文公上》），“非尧舜之道，不敢以陈于王前”（《孟子·公孙丑下》），以恢复理想中的尧舜时代的纲常伦理、法度规模为己任；从韩愈提出尧、舜、禹、汤、文、武、周公、孔子、孟子的传道谱系“道统”，到程朱陆王将尧、舜、禹、汤、文、武、周公、孔子、孟子之道归结为《尚书·大禹谟》中的“人心惟危，道心惟微，惟精惟一，允执厥中”这十六字“虞廷心传”，并由此建构出主宰元、明、清社会各领域的理学思想体系；再从青年毛泽东撰写《心之力》，强调“人之力莫大于心”，“惟有自强国民心力之道”才能救国救民，到习近平总书记提出修好共产党人的“心学”、不忘初心、正心明道、民心是最大的政治等重要概念和命题。以“虞廷心传”为内核的舜文化，始终是中华文明演进的源头活水。

弗迷的智慧

开启中华文明之源的舜，与湖南永州有着不解之缘。据司马迁说，舜“南巡狩，崩于苍梧之野，葬于江南九疑，是为零陵”（《史记·五帝本纪》），“九疑”指九疑山，“零陵”即湖南永州。出九疑，顺潇水而下，入湘江，至长沙。走进千年学府岳麓书院的二门，首先映入眼帘的，便是“纳于大麓，藏之名山”那副笔力遒劲的楹联，上联取自《尚书·舜典》“纳于大麓，烈风雷雨弗迷”。无论这个“大麓”是司马迁所说的“山林川泽”，还是孔安国认定的“大录万机之政”，都不妨碍我们表露对舜“弗迷”的叹服之情。不管身处怎样的境遇，都能坚定方向、不迷失自己，这需要多么高超的智慧！

孔子曾赞叹舜的智慧说：“舜其大知也与！……执其两端，用其中于民，其斯以为舜乎！”（《中庸》）《论语·尧曰》亦载，尧传授舜“允执其中”，“舜亦以命禹”。“允执其（厥）中”是尧传授舜、舜传授禹的大经大法。“尧咨舜，舜命禹，三圣相授，惟中而已。”（《龟山集》卷十四）看来真诚地坚守中庸之道，是舜不管处于何种境遇都“弗迷”的关键。

何谓“中庸”呢？这是中华传统文化的大智慧，却经常被人庸俗化，甚至曲解，以为中庸就是不多不少、不好不坏的调和折中，甚至是消极妥协的好人主义、无所作为的“躺平”态度。其实，中庸固然是不走极端，但也不是折中，而是平衡；不是妥协，而是和谐；不是消极，而是进取。所谓中庸，就是“执其两端，用其中”，即执两用中，也就是避免走极端，在极端之间保持过程的动态平衡。它不像数学中的黄金分割点那样，有固定的位置可以计算测量，而是随着实际情况的不断变化而变化，并不存在一个绝对的中点。世界万物千差万别，复杂多样，变动不居，要实现过程的动态平衡，是极难做到的，以至于孔子也感叹“中庸之为德也，其至矣乎！民鲜久矣”（《论语·雍也》）。

尽管中庸难以把握，但舜告诉人们：只要“惟精惟一”，处事专精、内心专一，不断追求过程的动态平衡，结果自然不坏。我们固然要追求结果，但也不能过分在乎结果；固然要有理想，但也不能过度理想化。殊不知，任何事物都有两端，比如人皆有善恶两端，善恶两端推到极致，便是至善至恶两极端。但孔子却说“圣则吾不能，我学不厌而教不倦也”（《孟子·公孙丑上》），连他也做不到圣人的至善，只能在专注于学习教育，坚持不懈、不知疲倦的过程中，不断往至善一端进取，向圣人之境挺近。日拱一卒，功不唐捐。其实在过程中，结果已悄然来临。相较于最终结果，中庸之道更为强调的是具体过程。不管是成果还是后果，都取决于两端之间的全过程。“只问耕耘，不问收获”，收获多少取决于耕耘如何；“但行好事，莫问前程”，前程如何，取决于所行好事几何。所谓“顺其自然”，就是重视过程，努力之后，坦然接受一切结果，甚至是后果。重视过程，就是要动态地平衡两端之间的全过程，需要精诚、专一，全身心、无遗力，认真专注、积极努力地做好日常生活工作中的每一个细节，唯有如此，才能越来越趋近于我们心目中完美至极的结果、崇高伟大的理想。如果人们只在乎结果，轻视过程中的积极努力、专心致志、持之以恒，心猿意马、三心二意、投机取巧，甚至不择手段，则会因为急功近利，忘掉初心，被功利的包袱压垮，最终难以达成预期。舜之“弗迷”，正因为在方法论层面，他能够“惟精惟一，允执厥中”，致力于精诚专一，执两用中，重视过程，把握平衡。舜的这种方法论在现实中就体现为他“只为苍生不为身”，体现为他心系百姓、我将无我的无私大爱。

心安即归处

“惟精惟一，允执厥中”是“心”的学问。无论是“惟精”还是“惟一”，无论是“允执”还是“厥中”，都需要“心”的修炼，其旨归都是“心安”。所以舜还告诉人们：“人心惟危，道心惟微”，要精诚专一、心无旁骛，达到两端间过程的动态平衡，最根本的是在心法上把握，保持“人心”与“道心”的统一。

古往今来，人都是需要一些精神的，而精神需要安放之所。人们常说“心安即是归处”，“此心安处是吾乡”，而作为精神性存在的“心”在面对宇宙人生时，总是充满困惑，又何以安呢？“虞廷心传”，可以说是“心安”的不二法门。通俗来讲，“人心惟危，道心惟微”的含义是：“人心”常在，但“人心”易流于自然欲望，常常很危险；“道心”公正诚明，永恒存在，但“道心”微妙难觉。因为“人心”（私欲）的存在，中庸之道不一定内在于人的心灵；因为“道心（天理）”的存在，中庸之道也并不外在于人的心灵。“虞廷心传”就是在传达一种合乎中庸之道的精神生活，而这种精神生活的实现，又需要不断修炼这颗心，通过积极进取、精诚专一的修养功夫，辨明“人心道心”，进而扩充“道心”，消除“人心”，在动态发展的过程中，不断让自己的内心为普遍的、必然的真理与法则占据，最终将自己的生命活成“道”的一部分，从而活在代代人的心里，在浩瀚的宇宙洪流中亘古长存。

中庸之道是“在中”与“时中”的统一，二者统一的纽带是“诚”，“诚”的表现是“人心”与“道心”的统一。子思“忧道学之失其传”而作《中庸》，其中对中庸之道的深刻阐发，可以帮助我们进一步理解。《中庸》开宗明义：“天命之谓性，率性之谓道，修道之谓教。……喜怒哀乐之未发，谓之中；发而皆中节，谓之和。中也者，天下之大本也；和也者，天下之达道也。”简单来说，“中”包含“中”与“和”两个层面：当人的内心情感尚未显露出来，内心处于无思无虑、寂然不动的状态，“中”即“未发之中”，或称“在中”；当人的内心情感表现于具体行为，而能够恰如其分、各得其宜，“中”就是“已发之和”，或称“时中”。“在中”是大本大源，是“天命之性”；“时中”是时时发用，是“率性之道”。天道以常年四季分明、万物生生不息的运转，昭示其真实无妄、诚实不欺的本质，同时寓居在人心之中，因而中庸的本质是一个“诚”，人心的本质也是一个“诚”。

作为人体官能，心原本只是一个，但当它活动时，也会出现“人心”和“道心”两端，当它偏向“人心”，“道心”就更加微妙难见；当它偏向“道心”，“人心”则将被克制削弱。心诚，则心统一于“道心”，诚心做事，不问前程，内心富足，举手投足，无不恰当适宜；心不诚，则心统一于“人心”，易被诱惑，常常自怨自艾，怨天尤人，内心难以满足，片刻不得安宁。不自我欺骗，而坚信自己善的能力，与人为善，励志向善，精诚专一，使心在“人心”与“道心”之间达到完美和谐的统一，则此心光明，此心安宁，“凡心所至，处处皆路，处处皆风景”。心既光明，自然能如明镜般察照一切，别人也难以欺骗自己。

显然，在人心与道心、人道与天道之间，始终存在回避不了的张力，而这种张力也恰好成为“心学”存在的理由。历代学者对“虞廷心传”在“心学”发展史上的开端地位，均有明确认同。例如朱熹以《中庸》构建“道统”，即援引《虞书》，认为“虞廷心传”开启尧舜禹三圣相传治道大法。“人心道心”之辨，也由此成为历代学者治学修身的首要门径，所谓“人心道心之辨明，然后大本可得而立”（《困知记》）。孔子治学修身的最高境界是“从心所欲不逾矩”（《论语·为政》），所从之“心”无疑是心与性合一、诚实不欺的“道心”。孟子说：“我亦欲正人心、息邪说、距诐行、放淫辞，以承三圣者。”（《孟子·滕文公下》）端正“人心”，即是复归“道心”，接续尧舜禹三圣相传之道。

宋代以降，“心学”之名正式产生，“虞廷心传”发展为程朱理学、陆王心学等更为精密的思想理论体系。程朱理学最重要的主张是存天理、去人欲，亦即存道心、去人心。如二程提出“学者当以道为本心”(《河南程氏文集》卷五《答朱长文书》)；朱熹及其弟子进一步指出，“天理便是道心，人欲便是人心”，“道心，人心之理”，“心，只是一个心，只是分别两边说，人心便成一边，道心便成一边”(《朱子语类》卷七十八)。王阳明则明确断言儒学就是心学，说：“圣人之学，心学也。尧、舜、禹之相授受，曰：人心惟危，道心惟微；惟精惟一，允执厥中。”(《王文成公全书》卷七《象山文集序》)可以说，传统“心学”发端于虞舜“人心惟危，道心惟微，惟精惟一，允执厥中”的哲学命题，孕育于孔曾思孟天道性命之学，承接于程朱理学构建，成就于陆王心学之思，堪称五千多年中华文明史中的一朵哲学奇葩。

当梅鷟、郝敬、阎若璩、惠栋等明清学者从语言文字与文本渊源等角度，彻底否定《尚书·大禹谟》的真实性，否定舜告诫禹“人心惟危，道心惟微；惟精惟一，允执厥中”的可能性之后，从尧舜到孔孟再到程朱陆王的心学世界，也随之震荡。微妙的“道心”，如游魂般飘荡天地；危险的“人心”如鬼魅般肆虐人间。辨伪、疑古的阴翳至今尚未完全消散，致使我们在追寻舜的足迹时，往往关注其对父母的孝、对湘妃的情、对民众的爱的超凡表现，而逐渐遗忘了他留给中华文明最宝贵的思想财富。清儒夏炯批判阎若璩说，《古文尚书》“文词古朴、义蕴宏深，古先圣王之遗训微言亦深赖以不坠。历代以来朝廷颁置学宫，儒者奉为圭臬。阎氏试自问，所学能窥见此中之万一乎”(《夏仲子集》卷三《书阎百诗尚书古文疏证后》)。虞廷十六字为历代学者认可、颂扬，其价值意义概非阎若璩辈考据学家所能真切认识。心安即归处，安顿古人心灵的虞廷十六字既是传统“心学”的归处，亦可转化为现当代中国人的心灵归处。

[作者系湖南省社会科学院（湖南省人民政府发展研究中心）研究员，山东昌乐人]

编 者 按

湖南永州有三条小溪：浯溪、愚溪、濂溪，原本寂寂无名，因元结、柳宗元、周敦颐在此流寓、创作与营建，而闻名古今中外。溪因子而名，子与溪永恒，“三溪与三子”堪称中华大地瑰丽的文化遗存。本辑《湘水》首发七篇文章，从不同视角描述“三溪与三子”的前尘新貌，以飨读者。

凝固的文本，流动的图像

衣若芬

“为了留名后世！为了天人合一！为了祈求平安！”

二〇一八年春天，我应邀到美国斯坦福大学和艾朗诺（Ronald Egan）教授合作讲授文图学（Text and Image Studies）。第一堂课，我们的主题是对文本及图像的认识，读韩文彬（Robert Harrist）教授的书《文字的风景：中国早期与中古的摩崖石刻》（*The Landscape of Words: Stone Inscriptions from Early and Medieval China*），和同学们讨论中国人为什么要在石头上刻字。

大家七嘴八舌提出看法和解释，我才注意到，原来西方比较少“人生忽如寄，寿无金石固”，想要把生命的历程和思想，通过某种铭刻的方式长久保存的焦虑。所以韩文彬教授直接用汉语拼音 moya 来指称摩崖。

也有同学从现代的观点，认为摩崖石刻是对自然环境的破坏。曾经旅行中国的同学，觉得有些景点把摩崖文字涂上红、绿、蓝色的油漆非常低俗丑陋；但也有同学说油漆可以让字迹清楚，减少侵蚀风化，或许能够保护这些文化遗迹。

艾朗诺教授问我的看法，我半开玩笑说："摩崖石刻是自我炫耀！"

如果没有财力，如何雇得起刻工？如果没有权力，如何可以任意在山石上刻字？更重要的是，如果没有对自己诗文功力的信心，怎么敢公之于世，还想万古流芳？

我想到的是元结在湖南浯溪畔的《大唐中兴颂》，他在文章完成十年以后才上石，因为他是地方官道州刺史，山石土地由他处置。他在永州刻了几处诗文，《大唐中兴颂》有颜真卿的书法，最为壮观。还记得初次站在摩崖前的震撼，小时候学写字，喜欢柳公权的细致坚劲，嫌颜真卿粗肥严谨，不知道字帖呈现的视觉印象还原在石壁上竟然肃穆庄重，气势雄强！

《大唐中兴颂》表达的是元结个人的政治期许和对朝廷前景的美好祝愿，出自私衷，传递的是公情。他将永州的山水作为展示自我的场域，本来没有名字的溪流属于所有人，他称这溪流叫"浯（吾，我的）溪"，于是溪流属于他。而每个来这里的人，都可以指着溪流说："这是我的溪。""吾"又成了公众。

在准备刻石前，元结勘察水势地貌，预想摩崖和周边自然景观的调和，“湘江东西，中直浯溪，石崖天齐”。他可能也考虑到人们怎样观看摩崖，从陆路或是水路前来，都能一览《大唐中兴颂》，他们的视角是抬头瞻仰，往下低回，起落有致。由于《颂》三句一组，每组同韵，下一组换韵，形成规律的节奏，观者不免吟哦诵咏，在开阔的天地山水间，感受历史的夐远悠长。

元结还想到摩崖的功能：“可磨可镌，刊此颂焉，何千万年！”比起收录在文集里，只有个别读者阅览，摩崖这写在大地之骨上的文字（韩文彬教授言），是凝固的文本，无法轻易删改，又能够被复制为可移动流布的图像副本，代代传衍。欧阳修《集古录》就提到当时已经被摹拓多次，原石受损的情形：“《大唐中兴颂》，元结撰，颜真卿书。书字尤奇伟，而文辞古雅，世多模以黄绢，为图障。碑在永州，磨崖石而刻之，模打既多，石亦残缺。今世人所传字画完好者，多是传模补足，非其真者。”

我在《云影天光：潇湘山水之画意与诗情》的书序中，说到潇湘山水的名字，是湖湘文化底蕴的结晶。诗人济慈的墓志铭写着“他的名字写在水上”；纪伯伦则要将声名用火写在天空。远离朝廷的湖南永州，你会看到许许多多跨越时间，争相“炫耀”的名字，凝固在石头上。

（作者系新加坡南洋理工大学中文系教授）

浯溪形胜满湘中

鲁 竹

大唐大历二年（七六七）四月，行年四十九岁，时任道州刺史的元结举家迁于今湖南祁阳市的浯溪畔，作《浯溪铭》，并刻于崖壁。此后的公余闲暇，元结在此构亭建宇、奉母课子、迎送宾朋，建构理想的隐士生活图景。

实际上，元结并未真的归隐。作为安史之乱中的功臣，卓有才干的地方官，元结在这一年被评定为优秀，并予以升迁，即颜真卿为元结所撰写的《元君墓碑铭并序》所言："观察使奏课第一，转容府都督兼侍御史本管经略使。"但在后代人的想象中，元结在浯溪的生活是读书种药，弹琴垂钓，饮酒赋诗，似乎是典型的隐士形象。自中唐至清代，关于元结与浯溪的题咏与记载代不乏人，浯溪成为中国文学中名胜版图的一个系列，吸引后代的骚人墨客或驻

浯溪摩崖石刻远眺

足、写作，或遥想、唱和，勾画出一条清晰的文本化风景的构成线索。

命名：拥有名胜

浯溪之名，得自元结。元结雅爱山水，其《浯溪铭》序曰："浯溪在湘水之南，北汇于湘。爱其胜异，遂家溪畔。溪，世无名称者也，为自爱之，故命曰浯溪。"可见，这本是一条汇入湘江的无名小溪，是元结为其命名。

元结与浯溪的缘分始于此前，他不止一次经过浯溪。大历二年二月，元结前往督抚所在地衡州公干，返程中舟过浯溪，逢春水上涨，逆水行舟，十分困难，他创作了《欸乃曲》五首。

《欸乃曲》

其二

湘江二月春水平，满月和风宜夜行。
唱棹欲过平阳戍，守吏相呼问姓名。

其三

千里枫林烟雨深，无朝无暮有猿吟。
停桡静听曲中意，好是云山韶濩音。

其四

零陵郡北湘水东，浯溪形胜满湘中。
溪口石颠堪自逸，谁能相伴作渔翁。

“欸乃”为开船的摇橹声。柳宗元有诗云：“欸乃一声山水绿。”论者指出，元结的《欸乃曲》上承杜甫的《夔州歌十绝句》，下启刘禹锡《竹枝词》，是绝句中的别调（钱志熙《唐诗近体源流》）。

一般来说，盛唐的七言绝句向来被认为是正宗，讲究风神含蕴，回环婉转，音调流利。换言之，绝句因为字数有限，因此需要以少总多，“惟含蓄不尽，使人低回想象于无穷焉，斯为上乘矣”（高步瀛《唐宋诗举要》）。七绝到杜甫手中有诸多创变，如《夔州歌十绝句》。夏承焘先生认为，六朝以来的文人绝句注重辞藻典故，严格区分平仄音调，与之一脉相承的盛唐李白、王昌龄、王维诸大家的绝句，风神摇曳，高华绵眇，言近旨远，但到底离民歌已经很远，偏贵族文学。而杜甫《夔州歌十绝句》却重新返回民间歌谣，吸收了蜀地谣曲的写法，描写山川风物与地方风俗，叙事写景，秉笔直书，已不再是优美含蓄风格的抒情诗。对杜甫这种与盛唐七绝完全不同的风格不以为然之人就会认为“少陵不甚工绝句”。元结的《欸乃曲》同样就眼前景物，随手写去，与杜甫《夔州歌十绝句》一脉相承，后世诗论家评语最多的也是“语类风谣”“如《竹枝》之类”。

《欸乃曲》和《浯溪铭》之外，元结又将“浯溪东北廿余丈”的“怪石”命名为“峿台”，创作了《峿台铭》；在溪口“高六十余尺”的异石“上筑一亭堂，名之曰㾶庼，撰写《㾶庼铭》。庼（qǐng），小厅堂。由溪而台而厅堂，可见元结“乃构竹亭，乃葺茅宇”的居家建造过程。这三个字中“浯”为古字，据说是发源于琅琊山的河水之名，而“峿”“㾶”为元结自造字，以“山”“广”字做偏旁以示意，而他的中心主旨是“旌吾独有”——向世人昭告：这是我独有的。

山水可以为个体所独占吗？显然不能。但诗人的吟咏会将自我的烙印镌刻在这片山水中。白居易曰：“胜地本来无定主，大都山属爱山人。”爱山人不只是说说而已，还要以书写作为爱山的表现。清代李渔也曾辨析过，即使花钱买山，也不可能“居而有焉”。金钱交易带来的居住权的改变是暂时的，人事变迁而自然永恒，山水、园林常常易主，李渔认为真正能让此山属于自己的，是名垂青史的创作。如此，“则此山遂改易姓字，竭精毕能以归之，虽历古今、变沧桑，不二其主”。因此，有汉学家论断，中华文明以书写为中心。

纵观中国古代诗歌史，为大自然命名，以自己的吟咏拥有这片山水，是中国古代文学与风景名胜交互创造的结果：文学创造了名胜，名胜也为文学所塑造。如王勃之于滕王阁、崔颢之于黄鹤楼、王维之于辋川别墅、李白之于金陵凤凰台、柳宗元之于愚溪等等。宇文所安断言：“永远占有一个地方，只有通过文本才能实现。”（《中国“中世纪”的终结：中唐文学文化论集》）元结与浯溪亦当如是观。

刻石：创造名胜

元结（七一九—七七二），字次山，自号漫郎、聱叟，鲁山（今属河南）人。元结是一个能够领兵打仗，也能治国安民的文武全才。在安史之乱中被起用，他召集义军，挫败史思明，屯兵泌阳时，保全了十五座城池。颜真卿为元结撰写的墓志铭中盛赞元结为“皇家忠烈，义激文武之直清臣也”。《新唐书·元结传》也记载百姓爱戴他，“民乐其教，至立石颂德”。

在璨若星河的唐代文人中，元结并非光芒很耀眼的那一个，使元结与浯溪的清丽山水转化为文本化风景的，主要是屹立于浯溪畔的诸多摩崖刻石，尤其是《大唐中兴颂碑》。

根据元结自述，铭文创作于唐肃宗上元二年（七六一）秋八月，叛将史思明为其子所杀，朝廷收复两京，上皇还京师。元结时任荆南节度判官，领兵镇守九江，他为此撰写了《大唐中兴颂》，极力颂赞此“盛德大业”。十年后，大历六年（七七一），抚州刺史颜真卿路过浯溪，手书元结所写《大唐中兴颂》，刻石于浯溪畔，形成了被后世誉为文、书、石“三绝”的《大唐中兴颂碑》。

元结之后，王邕有《后浯溪铭》，存于《全唐文》，但并未刻石于浯溪畔。元和十三年（八一八）韦辞《修浯溪记》记叙元结的幼子元友让回到故居，重修浯溪旧宅。元友让《复游浯溪》诗云：“昔到才三岁，今来鬓已苍。剥苔看篆字，薙草觅书房。……田地潜更主，林园尽废荒。”此时离元结筑宇溪畔已经过了半个世纪，元友让告诉读者，这里早已荒芜，换了主人。

不过，如前所言，元结的名字早已和浯溪永久联结。孟浩然诗云：“人事有代谢，往来成古今。江山留胜迹，我辈复登临。”孟浩然登临岘山，怀想四百多年前的羊祜，他的吟咏和追忆，使得自己也成为后代追忆的对象，后世再登岘山之人，又会想起孟浩然。苏东坡感叹：“古今如梦，何曾梦觉，但有旧欢新怨。异时对、黄楼夜景，为余浩叹。”曾经的人事与文化意蕴折叠于山川之中，成为风景的一部分，成就了特殊的美与特出的价值，也塑造了后来者的感知方式。诗人通过写作与追忆，将自己刻入了这片山水。

浯溪始于元结，却没有所终，一代一代的人都将在此登临怀古。

行旅访古：名胜的文本化

南宋永州人许永于绍兴二十一年（一一五一）游览浯溪，撰写《祠堂记》曰："大抵江山之胜，必托诸伟人，然后名显而人乐之。盖江山虽人所乐，而所乐非江山也。祁阳浯溪，湖外江山之胜者也。有颜元遗迹在焉。士大夫过之未有不游，游而未尝不得所乐者。"可见浯溪已成为士大夫的打卡地。

唐人在浯溪留题的不少，主要谈及元结的功勋以及退隐。皇甫湜评述元结的诗文："次山有文章，可惋只在碎。"晚唐的李谅、韦瓘等人都曾路经浯溪，留下题咏，不过《大唐中兴颂碑》却并未引起唐人过多重视。

宋人开始交口赞誉，书写浯溪石碑的诗文卷帙浩繁。欧阳修《集古录跋尾》："字尤奇伟，而文辞古雅。"其他如朱长文《墨池编》、赵明诚《金石录》、洪迈《容斋随笔》，以及元明清各种杂记、诗话、地方志等多有著录。至于《浯溪中兴颂碑》为何在宋代开始引起人们如此大的兴趣，论者指出，"宋人议论之风与中兴之梦当为其根本，而文学接受也与时代有关"（肖献军《重订元次山年谱》）。

自黄庭坚“三日徘徊崖次”，宋代以来的诗人书写浯溪碑林往往是两种方式，一是行旅之中特意游览。黄庭坚《书摩崖碑后》:“春风吹船着浯溪，扶藜上读《中兴碑》。平生半世看墨本，摩挲石刻鬓成丝。”范成大《书〈浯溪中兴碑〉后》:“乾道癸巳春三月，余自西掖出守桂林。九日，渡湘江，游浯溪，摩挲《中兴》石刻。”杨万里在浯溪:“削苔读碑，慷慨吊古。”元杨维祯 :“招猗玗之謦叟兮，访古迹于祁阳。”明代顾璘:“系舟浯溪下，策杖登重台。”直到清代大书法家何绍基:“归舟十次经浯溪，两番手拓《中兴碑》。”

以上行旅诗同时也是怀古诗，诗人在登临游览的名义下题写名胜古迹。元代方回曰:“怀古者，见古迹，思古人，其事无他，兴亡贤愚而已。”所有访古浯溪之作亦如此，一边表达对前贤的景仰之情，一边将自我融入这一文化命脉之中，对唐朝那一段天翻地覆的历史发抒感慨，褒贬古人。

宋人好议论，重德行，道德主义盛行，因此他们对唐代的历史也有不同于前人的看法。如元结本是赞颂唐肃宗中兴的功劳，但宋代却有人认为“摩崖之碑，乃一罪案，何颂之有？”（范成大）“肃宗即位，大分安在？中兴有颂，功不赎罪。”（许衡）他们认为唐肃宗得位不正，元结是明褒暗贬，这应该是一种创造性的误读了。

不过元结的忧国、爱民、勤政，颜真卿的正气凛然，慷慨赴死，都令后世人无比敬仰。浯溪摩崖碑刻因此而成为人与文交相辉映的范例。石碑之文“以史为鉴，端严正气”，其书法则被誉为“鲁公墨迹此第一”。于是我们看到，“艰危人物难，忠烈鬼神重。摹取挂野堂，英风凛生栋”（赵汝譡）。“浯溪在僻地，自是闻正声。……江流不可竭，此文如日星”（吴杭）。“颜公英烈姿，元叟士林仗”（王禹偁）。诗人们大都从元结、颜真卿的品德入手，赞美浯溪石碑万古流芳。洪迈道：“次山《中兴颂》，与日月争光。”元辛文房《唐才子传》亦云：“《大唐中兴颂》一文，灿烂金石，清夺湘流。”所谓“雄文健笔，焕耀今古。发明君臣父子之义，千载不磨”，是一代一代人浯溪书写的中心题旨。

在这种观照和书写下，风景被文本化了，每一个来到浯溪畔的文人都将面对如何看待安史之乱，如何表现儒家政治理想，如何赞美元结、颜真卿的功勋与品行，如何描摹浯溪石刻等议题，当这些历史知识与思虑、评断被织进诗的文字结构中，自然风景也变得程式化、意象化，浯溪成为文本化的心灵风景。

迭相唱和：文本化的名胜

怀古诗常常与咏史诗并提，所谓咏史诗是“读史见古人成败，感而作之”，重在对历史事件与人物发表感想，评断古人的贤愚。怀古诗有临场感和空间感，咏史诗更多侧重于叙述历史史实，发表议论。随着作者日众，浯溪石碑也进入宋代诗人咏史的观照中，就有了书写浯溪的另一种方式。如张耒《题〈中兴颂碑〉后》:“玉环妖血无人扫，渔阳马厌长安草。潼关战骨高于山，万里君王蜀中老。……百年兴废增叹慨，当时数子今安在？”诗歌从安史之乱爆发写起，着笔于对这段历史的评析与褒贬，诗人无需亲临现场。同例的还有李清照的《〈浯溪中兴颂〉诗和张文潜》:“五十年功如电扫，华清花柳咸阳草。五坊供奉斗鸡儿，酒肉堆中不知老。”夹叙夹议地谈论那段极富戏剧性的历史，其才略与笔力令人叹服。

安史之乱原本是唐代怀古咏史诗中的重要题材，以《华清宫》《连昌宫》《骊山》《马嵬》为题的诗作比比皆是，还有白居易《长恨歌》这样的名篇。吟咏当朝历史，是中唐诗人在咏史怀古方面的开创。毕竟，这段故事太吸引人太富戏剧性了，曾经的绚烂，美与血腥、权谋与风情、天堂与地狱、鼎盛之极与急转直下，给予诗人们无穷灵感与想象空间。不过唐朝诗人重在描写唐玄宗和杨贵妃的故事，而宋代及以后关于《浯溪中兴颂碑》的诗歌往往侧重于政治上的得失。明管大勋:“元公作颂鲁公书，当时国事真堪慨。”沈周则直接批评唐玄宗“君王爱色不爱国”。元张养浩诗云:“维君南面非自娱，将使率土皆宁居。一人纵欲万夫病，不惟亡国兼亡躯。……乃知君德贵刚健，不尔何以令八区？於戏！后来其鉴诸。”大谈特谈君主之德应该如何，完全成为道德训诫，这或许是绝大多数宋元明清诗歌不那么脍炙人口的原因之一吧。

咏史诗完全可以依赖历史知识来创作，清王士禛有族侄在祁阳做官，带给他一本方志，他嫌弃那本方志“乃出庸手，冗杂泛滥，至不可耐”，于是自己动手编纂了一部《浯溪考》，并作诗:“有客新自湘江归，登堂示我浯溪碑。芒寒色正三百字，忠义之气何淋漓。”

由此可见，“中国历史上的名胜之地，既是物质的存在，又是书写的产物——书写赋予它以意义，也规定了观照和呈现它的方式。它被文本化了，而且通过历代的文字题咏和评论，形成了自身的历史”（商伟《题写名胜：从黄鹤楼到凤凰台》)。这一论断同样适用于我们对浯溪的考察：在重重叠叠的历史记忆与文本影响之下，浯溪成为一个诗歌题写的系列，越到后来越成为文本化的风景。“湘江东西，中直浯溪，石崖天齐。可磨可镌，刊此颂焉，何千万年！”前人的吟咏成为山水的一部分，人事会湮灭，清溪水长流，自然与艺术才是永恒。

（作者系北京交通大学副教授，四川成都人）

潇湘奇气钟浯溪

——吴大澂的使湘之行

程章灿

光绪十八年（一八九二）闰六月十二日，五十八岁的吴大澂被任命为湖南巡抚。他可能没有料到，这会成为他人生的一个重要转折点。

这一年的四月二十三日，吴大澂守母丧期满不到三个月，就得到了新的任命，可见朝廷对他的信任。在过往十年中，吴大澂历任太仆寺卿、通政使、都察院左都御史、广东巡抚、署理河东河道总督，实授河东河道总督，曾奉命前往宁古塔，校阅边防驻军演练，安设屯兵，以便商旅，又奉派会勘中俄边界，前往朝鲜处理朝鲜内乱事宜，在广东处理内外事务，往开封督办河工，在内政、边防、外交各方面都得到了历练。不幸的是，光绪十六年（一八九〇），吴大澂母亲去世，他不得不离职，回原籍苏州奔丧。两年之后，他循例复出，旋即得到了湖南巡抚的任命。回首个人平生志趣，联想既往人脉交集，吴大澂心中当有机缘凑巧的庆幸之感。

湖南巡抚的任命，对吴大澂来说，有着不同寻常的意味。吴大澂中举是在同治三年（一八六四）。那一年，太平天国之乱刚刚平定，故通常都在八月于南京江南贡院举行的江南乡试，临时改在十一月举行。此举既是为了庆祝江南平定，也是为了安抚江南士绅，收买人心。三十岁的吴大澂参加了这场考试，十二月发榜，他幸运考中第六名，弟弟吴大衡也于同年中举。大乱之后，兄弟二人有此际遇，无疑是值得庆幸的。很多人都说，吴大澂的名字起得好，意味着三吴大地澄清，确实是个吉兆。吴大澂时来运转，心里不能不特别感谢座主刘琨。四年以后的同治七年（一八六八），刘琨出任湖南巡抚，由南京沿水路赴任，吴大澂曾到江边送行。二十四年后，吴大澂居然步座主之后尘，也出任湖南巡抚，这是他人生途中与刘琨的再次结缘。任职湖南巡抚期间，吴大澂曾巡视乡试考场，触景生情，不禁想起当年的座主，平添亲切的感怀："三十年前浪得名，连枝桂树竞冬荣。……传经衣钵怀刘向，遗爱犹闻湘水清。"（《闱中即事》）站在刘琨当年曾经踏足的土地之上，扮演刘琨当年曾经扮演过的政治角色，吴大澂感觉自己仿佛就是刘琨的衣钵传人。

在巡视湖南乡试考场时，吴大澂还想起另一位前辈——道光年间出任湖南巡抚的吴荣光。吴荣光是广东南海人，虽然与吴大澂同姓，但一吴一粤，并无宗亲瓜葛。吴荣光是嘉庆四年（一七九九）进士，年辈高出许多，任湖南巡抚也早于吴大澂约六十年。对吴大澂来说，他与吴荣光的结缘，既是因为两人先后出任湖南巡抚，还因为两人同有金石之好。吴荣光撰著的《筠清馆金石录》，吴大澂应当耳熟能详，也应当购藏阅读过。吴大澂到湖南各地巡阅，不时碰到这位前辈留下的遗迹。他的《使湘集》中有两首诗与吴荣光相关。这两首诗作于癸巳（一八九三）年八月吴大澂巡视湖南乡试考场时，他看到厅事前有吴荣光手植的一棵紫薇，不免对景怀人，连作《对庭花写照》《叠前韵有怀吴荷屋中丞》两首诗，怀念他的前任巡抚和金石同道，心中升起吾道不孤的亲切认同。

说起来，吴大澂对金石的癖好由来已久。他很早就对古学、篆书以及收集金石拓本有深厚的兴趣。父亲生怕他耽之过深，影响未来的发展，曾经告诫他："好古之士，恐以玩物丧志，与身心无益也。"同治七年（一八六八），吴大澂考中进士，钦点翰林院庶吉士，身居京华，位列清要，昔日癖好金石的障碍一扫而空。此后，他与翰苑同人及同道友好商量讨论金石之学的机会更多，搜集金石拓本也有了更好的条件。他经常利用公务之便寻访古刻，"过洛阳，游龙门，访褚河南三龛碑"，"道出褒城，访石门汉魏刻石"，"途经鱼窍峡，访《西狭颂》《五瑞图》石刻"，出都赴任广东巡抚的途中，"行抵泰安，登泰山，谒碧霞元君祠，访秦九字刻石，及唐玄宗摩崖石刻。手书‘秦松’二大字，并临琅琊台秦刻十三行”。这些都是在《愙斋自订年谱》中记录的，可见其对吴大澂的重要性。吴大澂访碑足迹所至，遍及河南、陕西、山东各地。他抓住一切机会寻访石刻，与古老的石刻面对面，与石刻上的前代人事进行对话。他对金石的迷恋越来越深。

对于资深金石迷吴大澂来说，使湘之行是一次难得的机遇。永州摩崖石刻，是吴大澂湘行访碑的亮点，浯溪刻石是亮点中的亮点。光绪十九年（一八九三）三月三十日，在春雨潇潇之中，吴大澂游历浯溪，读元结《大唐中兴颂》名篇，欣赏颜真卿的书法，吟赏黄庭坚等前贤的诗作。面对涓涓流水，绝壁飞淙，面对一幅幅刻石，犹如面对一位位前贤，隐藏于石壁上的一段段历史仿佛活起来了，吴大澂的思古幽情也被点燃了。几天后，他用凝聚数十年功力的篆书，书写了《浯溪铭有叙》，并请人摹刻上石：

浯溪发原于双井，至祁阳县南五里入湘，本无名也，名之自次山始。余阅武至永州，过潇水之上，访柳子厚所居之愚溪，无一歇息之所，亭池邱岛，眇不可追。独浯溪石刻，至今无恙，有亭有台，可登可眺。顾而乐之，乃为铭曰：

> 永州名迹，愚溪浯溪。浯溪之石，元公所题。
> 石有时泐，台有时圮。万古长流，涓涓此水。
> 涓涓不竭，汇湘入江。导源双井，绝壁飞淙。
> 行者惊奇，游者心爱。爱公篆铭，一铭而再。

抚湘使者吴大澂，光绪十有九年癸巳夏四月。

从浯溪到愚溪，从元结到柳宗元，前贤所经营的有形的亭池丘岛或存或毁，引人追想。对吴大澂来说，最重要的是浯溪犹在，浯溪所代表的前贤典型犹在，这是一种无形而不朽的精神资源。它所代表的精神意义，使浯溪升华为一个仪式化的文化平台，成为后代文人士子的朝圣之地。行经永州的文士都要到这里朝拜，完成一番见贤思齐的精神洗礼。吴大澂也不例外。处此特殊的情境，他对家国的忠诚心和责任感也被激发出来了，心潮澎湃的巡抚于是有了这样的诗句：

潇湘奇气钟浯溪，次山文字鲁公碑。
我喜涪翁诗律劲，石栏坐对雨丝丝。
唐祚中衰寇患起，太息朔方无健儿。
六龙远去蜀江西，鸾凤纷纷枳棘栖。
灵武即位上皇复，歌功勒石臣能为。
作者文雄书者健，忠清亮直皆吾师。
若以墨本工摩刻，徒资文士霜毫挥。
古今循吏为君国，身与磐石关安危。
杜老书名吾未睹，千秋犹诵舂陵诗。
元祐残碑未磨灭，吁嗟党祸起文词。
宜州谪所去不远，清游时有高僧随。
两碑读罢一慨叹，苍崖日暮啼猿悲。

从这首诗的题目《癸巳三月三十日雨中游浯溪读〈中兴颂〉次山谷诗韵》中就可以看出，这是一首致敬前辈的诗，致敬作者元结，致敬书者颜真卿，致敬被唱和者黄庭坚，致敬这几位前贤雄深雅健的文学艺术成就，更致敬他们“忠清

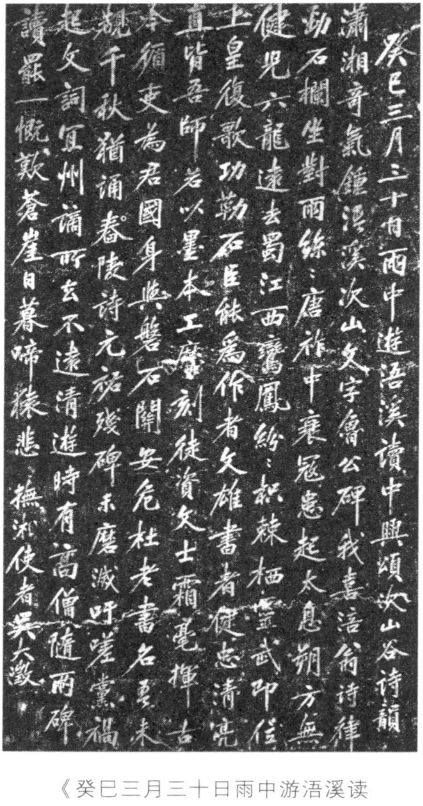

《癸巳三月三十日雨中游浯溪读〈中兴颂〉次山谷诗韵》拓片

亮直”奉敬家国的精神。题中“山谷诗”，指的是黄庭坚那首著名的《书摩崖碑后》，来游浯溪者无不耳熟能详。因为和韵的关系，吴大澂诗与黄庭坚诗的呼应关系一目了然，除了韵脚之外，黄庭坚诗篇末几句特别值得注意：

臣结春陵二三策，臣甫杜鹃再拜诗。
安知忠臣痛至骨，世上但赏琼琚词。
同来野僧六七辈，亦有文士相追随。
断崖苍藓对立久，冻雨为洗前朝悲。

凑巧的是，黄庭坚和吴大澂一样是在雨天到访浯溪摩崖碑，不管是冻雨，还是暮春之雨，雨天给访碑读碑设置了一个诗意迷蒙心事湿润的情境。当然，同中有异，两个诗人的身份毕竟不同。当年的黄庭坚是一个迁客谪臣，而此时此刻的吴大澂是一位疆臣大吏，一个落魄江湖，一位充满自信。浯溪像是一面巨大的镜子，映照着岩壁上斑驳的石刻文字，也照出了岩壁前读者和作者的面庞。

面对前代名贤，吴大澂心存礼敬和追慕，也不无反思和惭愧。他采取的致敬方式自具特色：在摩崖上题刻文字，在题刻文字中直抒胸臆，在直抒胸臆时精选书体。在《峿台铭有叙》中，吴大澂明白表示：“余抚是邦，有愧前贤。惟于篆籀古文习之有年，铭而刻之，以志乡往。”这篇《峿台铭有叙》和他的《浯溪铭有叙》一样，都是用他最为擅长的篆体书写的，似乎只有这样一种庄重的姿态，才足以表达他对前贤的敬意。在《癸巳三月三十日雨中游浯溪读〈中兴颂〉次山谷诗韵》诗中，他又别出心裁，特地采用黄庭坚的笔法，笔法与和韵，一虚一实，一视觉一听觉，双管齐下，向山谷老人表达了思齐之心和崇敬之意。还有一事值得一提，吴大澂在永州的题刻，大多出自永州新田著名刻工乐炳元之手。他是吴大澂最信任的刻工，依附吴大澂的书法，乐炳元的名字也传闻遐迩。这从另外一个方面强化了吴大澂浯溪题刻与永州乡土的联结。

对吴大澂来说，《癸巳三月三十日雨中游浯溪读〈中兴颂〉次山谷诗韵》这首诗既是致敬前贤，也是对话前贤。他所对话的前贤，不只包括唐代的元结、颜真卿和宋代的黄庭坚，也包括明代的顾璘和清代的阮元和王文韶。顾璘虽然寓居南京，就原籍来说，他是吴大澂的苏州同乡。明代正德八年（一五一三）和嘉靖十六年（一五三七），顾璘两次入湘，一次是作为谪臣，一次是作为湖广巡抚，分别体验了当年黄庭坚的失意和后来吴大澂的得意。今存顾璘诗集中，有《浮湘集》四卷，这令人联想到吴大澂的《使湘集》，两部诗集之名只有一字之差，其间关系若隐若现。嘉庆二十二年（一八一七），阮元以湖广总督的身份“阅兵衡永，舟过浯溪，登台读碑，题字石壁而去。是时林叶未黄，湘波正渌，农田丰获，天下安平”。同治十一年

（一八七二）和光绪三年（一八七七），时任湖南巡抚的王文韶两次“阅兵衡永，舟过浯溪”，均值“山川清肃，民物阜安”。王文韶看到了前辈阮元的题刻，也追步阮元之后，登台读碑，题记刻石。他的题刻中借用了阮元的措辞，眼中所见的太平世界的图景，也与阮元如出一辙。

阮元眼中所见的“天下安平”，是在乾嘉时代的后期；而王文韶所见的“民物阜安”，是在太平天国大乱平定之后。吴大澂步入仕途，恰值此时。内乱既定，其后中外媾和，洋务运动新开，“同治中兴”的局面俨然成型，一时之间，海内士人对大清中兴充满了期望。吴大澂也对这个中兴愿景心向往之。遗憾的是，时局并不以他们的意愿为转移。吴大澂抚湘之年，表面上天下承平，三湘无事。他到访浯溪的第二年，便是中日之间爆发战争的甲午之年（一八九四），时局再逢多事之秋。素喜谈兵、心怀中兴梦想的吴大澂慷慨激昂，毅然请求带兵北上，抗击日军。朝廷准许其卸任湖南巡抚，北上帮办军务，督师出关，率军抗日。不幸的是，出于种种原因，吴大澂最终寡不敌众，以致溃败。败兵之后，他引咎自请严谴，奉旨革职留任。光绪二十一年（一八九五）四五月间，回湘接任的吴大澂，接连遭遇陆夫人病殁和湘中亢旱，真是“屋漏偏逢连夜雨”，公私交困。当时，十五岁的章士钊正在长沙读书，曾目睹六十一岁的巡抚率众祈雨的情景，“因革职留任，故头带无顶凉帽，伛偻缓缓前行，忧容可掬”（《笃斋藏吴大澂手迹四种》)。八月，吴大澂奉旨开缺回原籍，再未复出。他的中兴梦想由此宣告破灭，他的政治生涯也到此结束。

二〇〇九年，华东师范大学出版社出版了《窸斋诗存》整理本，繁体竖排，计九卷，其中第七卷为《使湘集》。这是吴大澂使湘之行心路历程的集中呈现。没有使湘之行，就没有这一卷诗。没有这一卷诗，就无法深入细致地了解吴大澂的内心。使湘之行对吴大澂人生的影响，只有透过这一卷诗，才能看到委曲细腻的展现。整理本《窸斋诗存》卷末还附录有《窸斋自订年谱》，这是研究吴大澂生平最为重要的文献。这部自订年谱出自谱主本人之手，文献珍贵，视角独特，十分难得。吴大澂寿终六十八岁，而《窸斋自订年谱》记至光绪十八年吴大澂抵湘之时，便戛然而止。以光绪十八年为界，《窸斋自订年谱》断裂为自作与他编两个部分，它以这样一种特殊的形式，宣告了使湘之行对于吴大澂人生的里程碑意义。

倒退两年，站在浯溪之旁、面对《大唐中兴颂》摩崖石刻的吴大澂，绝不会想到他的仕途即将走下坡路，他的政治生涯即将结束。《窸斋自订年谱》止于抵湘之年，似乎是一个“吾欲忘言”的象征。日暮途穷，吴大澂不需要向别人讲述自己的中兴之梦，剖白自己的忠爱之忱，如果需要，浯溪之水和浯溪摩崖石刻都可以为他作证。

（作者系南京大学古典文献研究所所长、文学院教授，福建闽侯人）

道州忧黎庶，浯溪远世情

——元结和他的湖南

邓　芳

说起元结，也就不得不提到湖南。元结不仅为湖南动人的山水折服过，更为湖南的黎民百姓呐喊过，这些都变成了不朽的文字。这些文字也许质朴无文，算不上好诗、好文章，但其中的铮铮风骨、拳拳心意，却足以照亮后世。元结一生中有几个高光时刻是与湖南有关的：作为一个备受世人称颂的好官，元结主要是在道州刺史任上有令人动容的事迹；作为一名诗人，元结主要是因在道州任上作的诗被杜甫称赞而出名。而另一方面，湖南的山水，特别是元结曾经寓居的永州浯溪，则是因为元结而为世人所知。连“浯溪”的名字也源于元结，浯，吾也，这里是元结的“我的溪”。元结的《大唐中兴颂》耸立在这里，自两宋而至元明，众多文人络绎不绝地前来，在这里追忆元结之功，欣赏山水之美，反思历史之兴衰。这里也因此成为心怀理想的文儒们的向往之所和精神圣地。

元结和湖南的相互成就，很好地诠释着一种叫做“地缘”的缘分。斯土斯民，是元结的心心所念；斯人斯文，也因湖南而流芳千年。

一

元结生于七一九年，按年号说是唐开元七年，就是中国封建王朝中最鼎盛的“开元盛世”之“开元”的第七年。如果这还不足以说明这是一个怎样的时代的话，我们可以再加一个附注：在元结出生的这一年还诞生了一位堪称盛唐标志的人物：杨玉环。所以，元结的前半生，直到安史之乱爆发前，可谓不折不扣的盛世。盛世表现在方方面面，那么对读书人来说，盛世意味着什么？李白说是“群才属休明，乘运共跃鳞”；杜甫说是“九五之后，人人自以遭唐虞；四十年来，家家自以为稷契”；高適则说是“幸逢明君多招引，高山大泽征求尽”。无数文人带着欣逢盛世的喜悦，热切地投入这个时代，渴望趁着这昌盛的国运成就一番宏才伟业。

但同样是读书人的元结却不同。天宝六载，也就是七四七年，玄宗欲求天下之士，开制举科考试。二十八岁的元结也赴京应考，同时参加了这场考试的还有杜甫——不过这两位在将来会有神交且成为千古佳话的诗人此时可能还并不相识。然而宰相李林甫弄权，在这场考试中不仅一人不取，还表贺玄宗“野无遗贤”。落第后，杜甫仍然对时代和君主抱有期待，继续滞留长安，开始了“旅食京华春”的生活，这是一段“残杯与冷炙，到处潜悲辛”的辛酸屈辱的经历。而元结，清醒地预见到滞留长安也无济于事且徒增羞辱，以“人生不方正忠信以显荣，则介洁静和以终老”的决绝，毅然回到故乡商余隐居山林。元结看待时代的冷眼比杜甫更冷峻，对时代和读书人命运的判断比杜甫更清醒也更悲观，与这个表面上仍处在盛世的时代的决裂，也就比杜甫更加果断坚决。

不仅如此，十几年以后元结编选《箧中集》，所选的作者也都是那些虽然生于盛世，却“皆以正直而无禄位，皆以忠信而久贫贱，皆以仁让而至丧亡”的诗人。毋庸讳言，即使在中国封建王朝最昌盛的开元盛世，也不可能完全解决所有的社会矛盾，也会有阴暗面，会存在一批没能享受到盛世红利的人。那些困顿不得意的文人由于自身处境和心情的关系，可能会更早、更敏感地觉察到盛世光辉下由盛而衰的各种征兆。元结对这批生活在盛世的边缘的、没能被盛世光辉所照耀的文人群体的发现，和他对这些不遇、不达、穷困潦倒的“方直之士、大雅君子”的推崇，也正是元结对人人称颂的盛世的一种变相的否定和批判。元结，可谓是一个冷眼看盛世的“逆行者”。

元结二十八岁到三十三岁，就在一个表面上仍是盛世的时代里选择了隐居山林，潜心著书。直到天宝十二载（七五三）李林甫死后，元结才结束隐居生活再入长安。天宝十三载（七五四）元结一举及第，但未及授官，天宝十四载（七五五）安史之乱起，元结举家避难。

在战乱中，一个读书人，一名儒生，他的出路在哪里？太平盛世里虽然也有不公，但对时代抱有希望的读书人仍是多数。然而战乱让希望也彻底破灭了，书生们这才痛感从儒家经典里学到的那些经邦济世的道理变得行不通了，在“用武之世”里“儒者之事”不再合时宜。杜甫在离开长安时反思自己“许身一何愚，窃比稷与契”，战乱中更常常感叹在“王室多比难，高官皆武臣”的时局下根本找不到出路：“兵戈犹在眼，儒术岂谋身”“天下尚未宁，健儿胜腐儒。飘摇风尘际，何地置老夫？”这就是文儒在战争时期的代表性的困境，是一大群读书人的共同感受。有些读书人因此走向了消沉避世，更有人“庆幸”自己在战乱中无官一身轻：“耻将名利托交亲，只向尊前乐此身。才大不应成滞客，时危且喜是闲人。”

然而元结，他再次成为了这个时代的“逆行者”。安史之乱爆发时，元结并无官职，本可以“时危且喜是闲人”，苟全性命于乱世。但是他的父亲元延祖告诫他说：“逢世多故，不得自安山林。”于是乾元二年（七五九），四十岁的元结应肃宗之召前往京师，带兵抵抗叛军。元结虽是书生却也善武事，仅以招募的义军数万人就保全了豫南十五城，成功抵御了史思明叛军的南侵。要知道，唐代的文儒虽多治世之臣，却少有能战者。比如杜甫的好友、大文儒房琯，就是因为书生气太重，在对战安禄山时泥于古法，犯下纸上谈兵之大忌，以致兵败咸阳陈涛斜，使得四万唐军全军覆没。元结却是名副其实的文武双全，受命于危难之际，收复失地、遏制叛军、安抚百姓，在军中和朝廷获得了威望。他也因此官职不断升迁，深受荣宠。

不过，当七六二年代宗登基，要对官员进行封赏之时，元结却逊让不受，遂归养亲，放情山水，耕钓自娱，再一次成为一名“逆行者”。因为元结清醒地看到了官场虽有高官厚禄，却有更多阴险狡诈和人心丑恶。他的《自释》《忝官引》等文章都说明了自己对时代的认识和求退的原因，而更直接说明退隐心绪的是他给族弟元休的诗:“天下未偃兵，儒生预戎事。功劳安可问，且有忝官累。昔常以荒浪，不敢学为吏。况当在兵家，言之岂容易。忽然向三岭，境外为偏帅。时多尚矫诈，进退多欺贰。纵有一直方，则上似奸智。谁为明信者，能辨此劳畏。”这首诗写得并不好，不像诗，字字句句都是视官场为畏途的牢骚和苦水，但也字字句句，都是儒者品格的闪光。一名仕途亨通、不断加官进爵的官员，却是如此清醒地看到了仕途险恶，对荣华富贵如此身不由己、不堪重负。这正是因为，写这首诗的人，有操守和风骨，有认清时局的智慧，更有不肯同流合污的正直。

二

元结在闲居一段时间之后，在广德元年（七六三）九月被任命为道州刺史，由于赴任途中战乱未息，元结终于在第二年也就是七六四年的五月到任。此时的道州辖境相当于今湖南省新田县、宁远县、道县、江永县、江华瑶族自治县等地。在元结到任的时候，这里被西戎侵陷，惨遭焚烧杀掠，元结看到的是一片饱受战争摧残、民生凋敝的景象："城池井邑，但生荒草；登高极望，不见人烟。"经历了战乱的道州，人口十不存一，且不胜赋税之苦。元结新官上任，遇到的第一个任务，就是收税；而他所做的第一件事，就是抗命。

元结到任不满五十天，要求征税的符牒就来了两百余封，封封催命，都说如果不按时缴纳，元结就将获罪、贬官削职。如果盘剥搜刮百姓按时上了税，那对于新官上任的元结无疑是邀功的本钱。毕竟，国家也是兵事未息，国库空虚，征收赋税也是朝廷的当务之急。但是，身在一线的地方官员，比中央朝廷更了解当地的民生困苦。面对朝廷的命令，地方官员特别是新任官员该怎么做？有的官员也许会严厉执行，甚至层层加码，这样既可表忠心，又能从中盘剥，有名有利，仕途无虞；有的官员也许知道百姓不堪重负的事实，但会顾全大局，以朝廷的利益为重，不得不牺牲百姓的利益；有的官员也许会抱着对人民的同情，在执行时“将枪口抬高一寸”，在可能的范围内做一点缓和的让步。而元结的立场十分鲜明：“静以安人，待罪而已”——不执行朝廷的命令，让百姓休养，自己待罪。

元结固然是平定安史之乱有功之臣，但建立的功勋都是在老皇帝时期，新皇帝代宗上台后他就辞职赋闲，如今刚一被任命为刺史就抱着待罪之心公然抗旨，这不是一般的官员敢做的事。元结一到任就作《谢上表》，即就任道州刺史后写给皇帝的谢恩书表，文中却不提谢恩，只一再强调道州的民生困苦。此后又就课税问题专门向皇帝进《奏免科率状》，说自己所辖的道州是岭南等州的北界，如果道州不安，则湖南皆乱。所以当务之急是要免除“正租、正庸”之外的一切苛捐杂税，“在百姓产业稍成，逃亡归复，似可存活”之后再考虑恢复常例的租税。不仅如此，他还建议皇帝考察地方官，不应该只以当年的赋税征收为唯一的考核指标，而应该目光更长远：“特望陛下一年问其流亡归复几何，田畴垦辟几何；二年问畜养比初年几倍；可税比初年几倍；三年计其功过，必行赏罚。”即希望皇帝的考核以三年为期，让人民回归土地休养生息，使生产逐渐恢复。

元结以地方官员的身份上书上表直陈政策之弊，这份勇气在我们今天看来也是十分令人钦佩的。他做的还不止这些，他更以诗人的身份替百姓代言，写下了那首让杜甫无限感佩的《舂陵行》。诗中有“去冬山贼来，杀夺几无遗。所愿见王官，抚养以惠慈。奈何重驱逐，不使存活为”。这以百姓口吻说出的批评朝廷苛税的激烈言论，甚至直陈百姓对王官的怨怒和失望。元结还希望朝廷可以像汉代那样采诗，“何人采国风，吾欲献此辞”，希望朝廷通过民歌来倾听民间声音，了解真实的民间疾苦。此时的元结，仿佛忘了他是官员，而只是最弱势的人民的代言者和喉舌。

《舂陵行》是一首质朴至极的诗，没有表现出文学才华，却显露出一位官员保护天下苍生的勇气，和一位儒者民胞物与的大仁大爱。这首诗作为诗歌可能并不出彩，却关乎无数百姓的生死，关乎国泰民安，更关乎一群知识分子对诗歌和文学的理想——它可以没有文采，但要有“上感于上，下化于下”的社会功用，即向上可美刺君主，向下可以教化民风。这种诗歌观在我们今天看来也许是片面的、偏激的，但在人民有疾苦、政策有问题的时候，诗歌，也应该承担更重要的社会使命。毕竟，比文学性更重要的，是百姓的生存。所以杜甫赞美元结说：“当天子分忧之地，效汉官良吏之目。今盗贼未息，知民疾苦，得结辈十数公，落落然参错天下为邦伯，万物吐气，天下少安可待矣。”在盗贼未息、民生疲敝的战后，一名知民疾苦的官员，和他的一首诗，就是万物吐气、天下少安的希望。

在元结的努力下，代宗免除了道州百姓的租税等十三万贯。同时，就在七六五年夏天，元结被罢免道州刺史，直到七六六年春天才又复官。

三

大概是再度就任道州刺史后，元结选择住在了属永州辖地的浯溪，而非自己任刺史的道州辖地。元结为什么要住在这里，从《浯溪铭》中可以看出端倪："吾欲求退，将老兹地。溪古地荒，芜没已久。命曰浯溪，旌吾独有。"应该正是"求退"之心，使元结特意把家安在了自己的辖地之外，希望能在这偏远荒芜，但能够完全属于自己的地方终老。

浯溪在湘水之南，北汇于湘，本来是一条没有名字的小溪，"溪世无名称者也，为自爱之，故命浯溪"。从此这条没有名字的小溪因为元结的命名，而有了"浯溪"这个饱含了元结的热爱的名字。

其实，不仅是这条小溪。在这溪古地荒、芜没已久的地方，元结以他的诗心和赤子之心，给这里的山河都起了一个和"我"有关的名字。在《浯溪铭》《痦庼铭》和《峿台铭》里我们看到，浯溪、痦庼、峿台，都是元结为这里的溪水、山石和高台起的名。浯、痦、峿里，都有一个"吾"字，也都与"吾"字谐音，它们都是元结心中的"我

元结、颜真卿塑像（位于祁阳浯溪碑林）

的”山和水。在这位朝廷官员的心目中，“我的”不在庙堂之上，却在江湖之远。正是这不在自己辖地内的山水，和身份、权力、荣华都无关，才真正是“我的”。

回顾元结这一生，总是徘徊在庙堂和江湖之间。李林甫弄权，他隐居商余山；安史之乱起，他避难猗玗洞；领兵之后，他还时常为与瀼溪邻里不得如往时相见而懊丧不已；代宗登基封赏，他退居武昌樊水郎亭山下；道州在他的治理下稍为安定之后，他又家于浯溪。可是另一方面，他也是进士出身、兵权在握、接连升迁，只要他愿意，原本不难做到高官厚禄、仕途得意。

然而，他只是希望浯溪是他可以终老的地方。

然而，有能力的元结，终究不能尽享这悠然自适的生活，天子还需要他去分忧，朝廷还需要他去平乱，百姓还需要他去安抚。七六八年初，元结被调任到容州为刺史。此时道州已安定，但容州自从被西戎侵陷后此时仍在贼手，元结再次受命于危难，单骑入于西戎的大帐，亲自抚谕叛军蛮豪之众，仅用六十天就收复八州。

此后元结为母丁忧，再次回到永州的浯溪居住。就在这隐居的地方，在他去世的前一年，他刻于山石之上的文章，是《大唐中兴颂》——天下中兴、吾国吾民，始终都在他心中，处江湖之远终不曾忘记。

他始终是矛盾的，庙堂江湖，行藏出处，用世避世，在他的人生选择中反反复复；但他也始终是磊落的，早在二十八岁他第一次去长安应试，他就说过“人生不方正忠信以显荣，则介洁静和以终老”，他确实终其一生都在践守自己的诺言。

几百年后，有一位叫做范仲淹的文人，写就的千古名篇，仿佛写出了元结的心声：

居庙堂之高则忧其民，处江湖之远则忧其君。是进亦忧，退亦忧。然则何时而乐耶？其必曰“先天下之忧而忧，后天下之乐而乐”乎。

噫！微斯人，吾谁与归？

（作者系东京大学特任副教授，湖北荆州人）

愚溪寻柳

杨中瑜

一条溪水，流淌了千年万年，倒映出历代无数人的身影，而只有一个人的身影最为高大；一条溪水静默了千秋万代，收藏了无数人的秘密，而只有一个人的秘密最具魅力；一条溪水，吟唱到天荒地老，唱出了无数人的心声，而只有一个人的心曲最为凄美。这条溪水叫愚溪，这个人叫柳宗元。

三十三岁是一个人风华正茂踔厉风发的黄金阶段，不料，因为“永贞革新”的失败，柳宗元便被贬谪到了潇湘二水交汇处的这个蛮荒之地——永州。

没有人能想象柳宗元自长安来永州的那一路风尘，他拖家带口，长途跋涉，身心的疲惫，简直难以言状。最心烦的是，因为气候不适，加上水土不服，导致慈母卢氏抵达永州才半年就患病去世。

失去母爱的柳宗元，感到前所未有的孤独。龙兴寺和尚重巽的热情，无法消除朝廷带给他的心寒。他从寓居的龙兴寺漫步到东山法华寺，翘首西望，渴望得到允许他回京的温暖，不料等来的却是唐宪宗诏令八司马“纵逢恩赦，不在量移之限”的冷漠。

自然界的寒冷很容易防御，多穿两件衣服，加厚鞋袜即可。至于政治上的寒冷，让人防不胜防，难以挺立不倒。

在这种情况下，他万般无奈，抛弃幻想，专注于创作，《江雪》《贞符》《童区寄传》《非国语》以及《永州八记》的前四记《始得西山宴游记》《钴鉧潭记》《钴鉧潭西小丘记》《至小丘西小石潭记》等传世名作喷薄而出。

要知道，在他沉湎于创作时，苦难并没有放过对他的折磨：爱女和娘也在来永州五年后因病去世，那留恋尘世的眼光，如同一枚枚利箭，穿透了柳宗元的心。更糟糕的是，住在永州城内龙兴寺的那五年，居然发生了四次火灾。那窜动的火焰，仿佛是命运的恶魔，在逼迫他退让。

既然回京无望，那就做一个普普通通的永州人吧。既然城内难以安心，那就住到城外去吧。想起登东山而望西山的发现，于是，他决定移居西门外湘水对岸的愚溪之滨，开启崭新的人生。

一个人与一条溪的结缘，产生了许多优美的传说：柳宗元听说溪水附近曾有许多冉姓人氏居住，故称冉溪。而且溪水还可以染布料，故又称染溪。想到自己追随王叔文搞政治革新，把一切想象得十分完美，结果证明自己是何等的幼稚与愚蠢，因此把冉溪改名为愚溪，并筑草堂于溪畔，开始隐居于此。后来，将其附近的愚丘、愚泉、愚沟、愚池、愚岛，连同自己建造的愚堂、愚亭，合称“八愚”。

正因为移居愚溪，柳宗元才写出了《冉溪》《愚溪诗序》《愚溪对》；正因为移居愚溪，柳宗元才写出了《永州八记》的后四记《袁家渴记》《石渠记》《石涧记》《小石城山记》；正因为移居愚溪，柳宗元才写出了包括《临江之麋》《黔之驴》和《永某氏之鼠》在内的《三戒》；正因为移居愚溪，柳宗元才写出了《渔翁》《捕蛇者说》《天说》《天对》……

谪居永州，是柳宗元人生的一大转折，他的哲学思想越发成熟，他的文学作品越发优秀，从此，大唐多了一位伟大的思想家和文学家。

十年光阴，柳宗元成就了永州，永州也成就了柳宗元。

遗憾的是，离开永州不到五年，柳宗元居然在任所柳州永远地离开了他所眷恋的世界。他的肉体，早就化作了尘埃，而他的思想和文学成就如同北去之湘江，至今令人心潮澎湃、追慕不已。

在柳宗元谢世二百三十七年后的宋至和三年（一〇五六），永州知府柳拱辰在东山府学隔壁修建柳子厚祠堂。南宋绍兴十四年（一一四四），迁建于愚溪北岸（即今址），更名为柳先生祠堂。又八百一十六年后的公元一九八〇年，我开始在永州人民为纪念柳宗元而修的柳子庙里读初中，连续三年。在我们那一届毕业后，柳子庙才辟为柳宗元纪念馆。

我与柳子之间，虽然隔着千年岁月，却有三溪一河湾相连。他笔下的石涧就在我们村前，离我家的老房子不到百米；而袁家渴和石渠也在我们村境，相距不到一公里。至于愚溪，距离大约三公里。城市建设的发展导致环境变化，儿时记忆中的村境美景都时过境迁，特别是因为南津渡电站的建设，袁家渴被蚕食殆尽，石渠最美丽的末端被填埋，而石涧也淤塞不少，于是，我对柳子的追慕也就只剩下一条愚溪了。

从愚溪注入潇水处溯流而上，寻找柳宗元当年的足迹，如同在时光的隧道里逆行，一千二百年前的中唐风雨，忽远忽近。透过微弱的光芒，我看见了前面那个朦朦胧胧的消瘦背影，听见隐隐约约传来的他那铿锵的足音。

一股强风吹来，隧道土崩瓦解，只剩下我站在愚溪之滨，茫然四顾：柳子在哪里？

溪水哗哗，如同一支管弦乐。依照我的观察，从溪口到柳子庙，溪水平缓，静谧自流，堪称前奏。这一段适合人们回味柳子与愚溪之神的对话，默诵他的《愚溪诗序》，揣摩他那颗自言曰“愚”的心。

从柳子庙门口到钴鉧潭这段，溪水起伏跌宕，如同柳子人生中的最后二十年，堪称主曲。在这里，人们可以触摸到柳子的忧愁、哀伤与无奈，也可以感受到他的坚强、执着与更生。柳子一生的闪光点就在这段，政治家的崇高理想和文学家的家国情怀，在这里交织交融，令人赞叹。

而从钴鉧潭到小石潭，乃至更上游的节孝亭，也堪称主曲。请不要以为我写错了，请不要按常规思维认为应该是尾声。我想告诉你的是，柳子留给我们的是一支没有尾声的歌，一支永远都不会停歇的歌。这支歌的主旨就是

小石潭遗址

“以民为本”，为民造福。在这里，人们可以看到他悯农的表情，可以听到他为百姓发出“苛政猛于虎也！”的呐喊。

柳子的伟大，在于他的心中有人民、笔下有人民，正因为这样，千年之后，人民的心中依然有他。

柳子谪居永州十年，写下了大量作品，占其流传下来作品总数的七成。他的山水散文，为永州做了一个很好的广告。别说外地人经常慕名而来沿溪寻柳，就连我们本地人亦然。

沿溪而行，我攀附岸边的石头，拨开青翠的竹枝，似乎就到了一群古人的身后，我跟他们一起寻觅“潭中鱼可百许头，皆若空游无所依。日光下澈，影布石上，佁然不动；俶尔远逝，往来翕忽”的景象，这种景象而今在溪水清浅时也能见到。

唯有此时，我才恍然大悟：柳子并没有离去，他已跟愚溪融为一体。他写于永州的那些璀璨文章，已沉淀为水底那些玉石般的石头（二〇〇六年，零陵区曾组织清理愚溪淤泥，我拍了许多照片，深为水中的“玉石”所震撼）。或许，愚溪水底的某一块石头，就是柳子遗留下的一篇华章，千年不变，万年不腐。

是啊，愚溪已不再是一条单纯意义上的溪水，而是一种弥足珍贵的文化和精神。

（作者系永州市作家协会副主席，永州人）

濂溪一脉接大江

骆玉明　杨雄心

湖南众多水系在与历史同行的过程中蕴积了丰富的人文内涵，永州道县的濂溪便是其中之一。本来，濂溪全长四十一公里，河道浅，水流也不大，不能通航，在潇水的诸支流中也是较小的一支，但它的声名却是播于九州，只要是读书人，没有不知道的。原因就在于它是宋代理学鼻祖周敦颐故里的河，而且周氏又以“濂溪”为书堂名，为别号，是以濂溪之学竟可以作为理学的别称。长沙岳麓书院文庙内有湘潭王闿运所题对联，曰:“吾道南来，原是濂溪一脉;大江东去，无非湘水余波。”大显湘人的豪气。

如今在通行地图上标名“濂溪水”的河流，古名营水。由于改用濂溪作为这条河的名称，为时较迟，而且濂溪本来又只是营水的一条小支流，并不指称今日濂溪水的全流域。为了叙述方便，我们先用“营水”古名来介绍这条河，然后再谈濂溪本来的源流和营水改名的问题。

营水发源于道县西南都庞岭东侧，以营山而得名。

都庞，字面意义是美丽而宏大。它是著名的南国五岭之一，是湘桂间的界岭与长江水系和珠江水系的分水岭。山脉南北长九十公里，东西宽十六公里，山峰一般高度在一千四百米以上，主峰韭菜岭高两千零九米，是湖南境内几座高的山峰之一。由于道县接近都庞岭的内侧是低丘陵地带，山峰玲珑秀丽，散布于平畴，故驱车至都庞岭下，仰见一片大山拔地而起，遮蔽视野，巍然矗立，郁郁苍苍，直上天际，令人不由得惊叹，大哉！美哉！

营水出山的地方属于月岩林场，这边有个小村落，名叫大江源。今年南方干旱，我们九月底来此，已经连续几个月没怎么下雨，河床上白石裸露，水流分成细小的几道，穿行于磊磊白石之间。稍大一点的水潭中，可以看见一些小鱼在嬉游。但是河床宽有三十多米，上架着宽阔的石桥，桥边古树成行，其粗不能环抱，身姿苍劲。想象盛水时，山洪从群峰间咆哮而来，冲击石岸，奔腾而下，抑或风雨交加，大树挺立，与风雨相搏，亦是壮观景色。

营水自西向东，由山地至平原，蜿蜒曲折而行，至道江镇（今属道县县城）汇入潇水。潇水穿过双牌县境，抵达永州零陵区的萍岛，在此与湘江合流。湘江北去入洞庭，洞庭连着长江。水是相通的。

由大江源至县城的道路与营水相隔时近时远。正是水稻即将成熟的季节，大片稻田金黄与苍绿交杂，向远处展开。途中村落农家，鸡鸣犬吠，不待细说。有一处景点，一处故居，十分有名。

景点是月岩。出大江源不远，在车道右侧，可以看到隔着农田有几座连绵的小山，那是都庞岭的余脉。其中有一座，山体洞穿，可以透过山洞看到另一边的蓝天，这就是月岩。

月岩是喀斯特地貌中溶岩效果十分奇特的一座山峰。它的山顶已经完全坍塌，形成一个天坑，中间的空洞能容数百人，像一座露天剧场，而周边的山体上又有两个巨大的山洞东西对穿。你可以把月岩想象成一座中空的开着两个城门的城堡。尤其稀罕的是，溶岩塌落而形成的空顶近似圆形，游览者沿着山路拾级而上，进入岩洞，再从另一侧洞口下行，由于位置和视角的移动，空顶完整地呈现了从初月到满月再到月亏的月相变化过程。徐霞客在《楚游日记》中写道："永南诸岩殿景，道州月岩第一。"

月岩出名，还与当地的一个传说有关。据说周敦颐就是在这座岩洞里，观天相而悟道，提出了他的《太极图说》。所以月岩洞又被称作"太极洞"。在岩洞的内壁上有大量的摩崖石刻，内容大多表示对周敦颐的钦仰，对他在此悟道的神奇传说加以赞叹。如果按照年代顺序细究这些石刻形成的情况，倒是可以写出一部简略而有趣的宋明理学史。

圣贤“悟道”的故事总是令人津津乐道。但周敦颐月岩悟道之传说的可靠性似乎有点问题。因为周敦颐少年时代（十四岁）就因父亲去世，随母亲投奔在汴京做官的舅舅，离开了家乡。若说在此之前就已悟道，又近乎神话。不过，大自然的神奇，会引发人的深思和遐想，而由此激发追究天、地、人之根本奥秘的热情，这个道理是对的。

距月岩十多公里处，今道县清塘镇楼田村，是周敦颐的故里。这里有周敦颐故居，二〇一〇年湖南省文物考古研究所根据周氏家谱记载，在故居处进行了两个月的考古发掘，认证了家谱对故居描述的可信度。湖南省文物局于二〇一一年对故居进行了重建，这主要表达了一点纪念的意义吧。值得说的，是本来意义上的濂溪。

楼田村周围有几座孤立的小山包，左面是龙山，右面是豸岭，这都是以山体和岩石的形状命名的。与豸岭相近处有一座安定山。清代《道州志》记载 :“濂溪在州西二十五里安定山下，石窦深广，有泉溢出，是为濂溪。周子生于此，人呼为圣脉。泉东南流，合营水，有溪至州城西南，合沱水。”（按，沱水即潇水的一段）

因为推崇周敦颐，安定山已被改名“道山”。《道州志》非常清楚地说明了，从安定山脚下石洞溢出的一股泉水，形成一条小河，汇入营水，这条小溪流叫做“濂溪”。

所谓“圣脉泉”今日犹在，四边砌石，看上去像一口井。井上方山壁上有并排的两处石刻，均题“濂溪”二字，左侧的一方是道州知州方进所书，右侧的一方为永州知府黄绰所书，他们都是明代人。低处井壁上，又有字体较小的两处石刻，一题“圣脉”，一题“寻源”，都是把泉水象征化，譬为理学源头。

需要说明的是，称这股水源为泉是个笼统的说法，它其实是喀斯特地貌地下阴河涌出地面的水流，所以其水量足以行成一条溪流。可惜近年由于兴建高速公路，地下阴河被堵塞，圣脉泉水量已经变得很小，但在早些年拍下的照片中，还能看到泉水汩汩涌出的景象。地下河水是非常清澈的，这条河叫做“濂溪”，当然与此有关。

濂溪作为营水的支流，怎么会“喧宾夺主”，变成主流的名称呢？大概说来，这有两方面的原因。

首先，这和周敦颐的声望有关。他在庐山讲学时，把山北莲花峰下的一条小溪命名为“濂溪”，这是寄托乡思，也是倡导清濂品格。然后他把自己讲学的书院也命名为“濂溪书堂”，又自号“濂溪先生”，如此，濂溪这条小溪就跟周敦颐紧密联系成一体了。周敦颐是二程（程颢、程颐）的老师，朱熹是二程的传人。程朱理学在元明成为儒学传统新的代表性理论（研究者或称为“新儒学”），成为国家意识形态。作为理学鼻祖，周敦颐的地位也随着理学地位的抬升而越发显得崇高。在这种情况下，人们用濂溪的名称覆盖整条营水，恐怕也是不知不觉就形成了习惯。

其次，是营水这个名称本身的混乱。营水之名起源古老，长沙马王堆汉墓出土的一张地图上，就已经把它标注出来，这张地图成于汉文帝前元十二年（公元前一六八）以前，是现在所知中国最古老的地图。但是，到了北魏郦道元的《水经注》里，我们却看到这样一段文字："吕忱曰：深水，一名邃水，导源卢溪，西入营水，乱流营波，同注湘津。"

这里说的营水，并非我们前面说的营水，而是指今道县境内的潇水，而深水则是指潇水的上游一段。这样，在同一个区域内，出现了两条同名的水，一条是支流，一条是主流。这让今天的史地学者感到头疼，古人想必也会感到麻烦吧。

这一混乱是怎么造成的呢？有的研究者认为，这应该是营浦县城迁址造成的。营浦为秦置县，辖地略当于现在的道县，县治本在营水之浦，故称营浦。后来营浦县治迁移到深水（即潇水）边，连带影响了深水的名称。

营水全流域改名濂溪水，始于何时，笔者学浅，未能详考。但至少在《徐霞客游记》中，已有明确记载："……渡濂溪——溪自月岩来，至此为豸山东障，乃北走，又东至州西入沱水。"这里明确说濂溪起于月岩（这等于说起于都庞岭），在道州城西汇入沱水，这就是现在说的濂溪水全流域。《清一统志》也把原来的营水称为濂溪水，而用“营水”一名专指潇水、沱水。可以猜想，既然潇水的一段已经被称为“营水”了，对于编写地理图志的人来说，原来的营水还用旧称就不方便，索性把它改称为“濂溪水”。有人批评《清一统志》编纂馆臣改得不对，但这不能怪他们。至少在徐霞客来道州之前，就已经这样改了。徐霞客应该是听当地人说的。

但濂溪水原名营水，仍有很重的历史痕迹。道县现有营江街道，就是依营水而名。我们前面引《道州志》，更是明确地说明了濂溪本是营水的支流。谭其骧先生认为用濂溪之名取代营水本名，这不妥当。但这事从徐霞客的时代说起，也是由来已久，改回的可能性不大了，那么古老的水名，有点可惜。

再说濂溪之著名，当然是由于周敦颐。它的重要之处，是在人文内涵，地理学的意义反在其次。那么，周敦颐学说的要点是什么呢？我们也应该大略地说几句。

二〇一七年是周敦颐诞生一千周年，地方政府为此在周敦颐故居近旁重建了废弃已久的濂溪书院，在书院正门前的广场上，镌刻了周敦颐创制的“太极图”，这个图和与之匹配的《太极图说》，代表了濂溪思想的核心。简单而言，周敦颐整合了阴阳、动静、五行、八卦等传统哲学要素，吸收道家、佛家的某些长处，为儒学建立了一套系统

濂溪书院

而完整的宇宙本体论和万物生化模式；再通过《通书》等著作的配合，把作为自然法则的“天道”和作为伦理法则的“人道”融为一体。这个融合体，后来的理学家把它称为“理”。

我们知道，儒学在两千多年中作为传统思想的主流，也是因时因势而变的，否则就无法适应社会的变化。周敦颐著作传世的数量虽然很少，他却为儒家学说的改造和再度兴起提供了重要的基础。从这个意义上来说，濂溪学是重要的。而濂溪这条小小的水流声名卓著，也自有它的道理。

（作者骆玉明系复旦大学中文系教授、《辞海》编委委员，作者杨雄心系湖南科技学院国学院特聘教授）

《何绍基日记》中的永州风景

尧育飞

现存何绍基日记起于道光十四年（一八三四），止于同治十年（一八七一），虽中间有阙略，却大体可见何绍基一生的细微处。读何绍基的日记，至于湖南，往往支离，大概近乡情却，不厌烦琐。及至放舟南下，逆湘江而上，文笔更为细碎，乡人乡情，乡风乡景，点点滴滴，终把日记变为游子还乡的吟歌。咸丰元年（一八五一）三月二十四日，回到道州老家的何绍基，居住在鹤鸣轩。晚间，他和族中亲人饮了许多乡酒，不知不觉竟有些醉了。日记中，何绍基把这番醉酒归因于“情话”太长。

何绍基八岁离乡，北上京城，此后故乡即他乡。道州故里，五度往还。两度为着考试，两度奉父母灵柩还湘，顺道而回。他的回乡不是衣锦还乡的炫耀，而是悲欣交集，

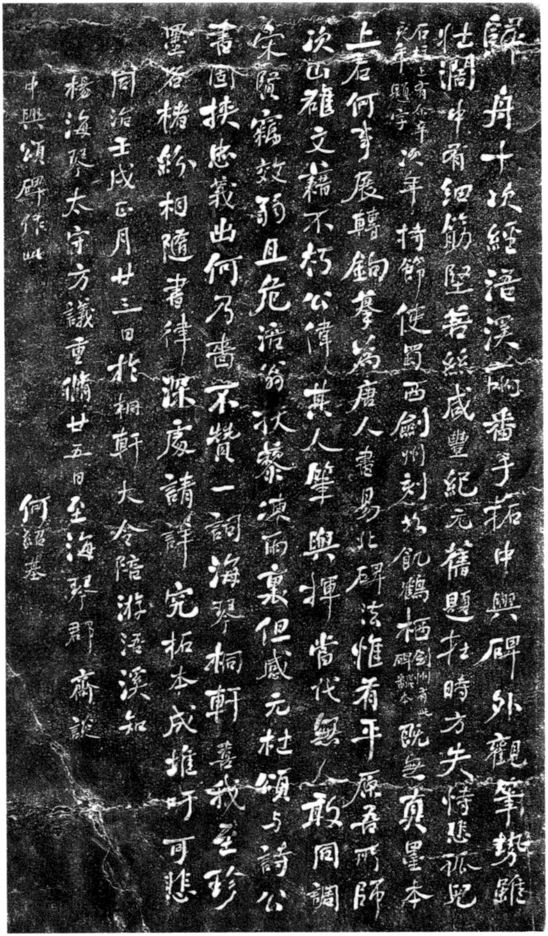

何绍基《谈中兴颂碑有作（用黄庭坚韵）》拓片

福我兮壽我驅癘

鬼兮山之左下無苦

濕兮高無乾秔稌充

羨兮蚰蛟結蟠我民

報事兮無怠其始

自今兮欽于世世

柳州羅池碑號三絕以河東蹟昌黎文長公書也永祠有碑自國朝魏太守紹芳摹刻始歷年[illegible][illegible]無精可推宇減半海琴都轉嘗就殘本集祠聯亦符真蹟於什一矣余自丙寅來守郡既拔公裔梁衣等而教之復得公題名碣於華嚴巖檢府志知公弟宗一為柳氏居永鼻祖於其族譜揭之家玉符兄又公年譜鄭示補刊入集敬念公之遺徽往蹟幸已蒐訪無餘而是碑獨任其剝落焉毋乃猶有憾乎適譚仲維明經出是本見贈蓋得自柳州太守孫子福同年者余既獲是本知長公碑版尚屹南天是宜亟壽貞珉以妥三賢而存遺翰爰屬郭粹安學博董其役招手民鄭蘭来郡俾上石析碑為四嵌諸壁毋再摧也捐俸為同志倡醵錢為買石繕牆及勒石費閱月訖竣遂敘得碑原委而為之跋時同治戊辰孟夏朔日知湖南永州府事滿洲廷桂跋

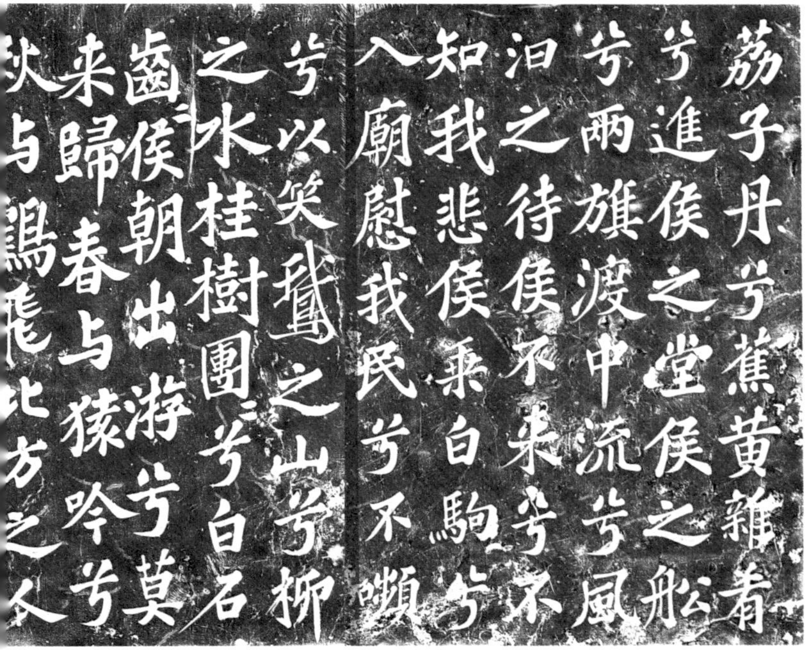

韩愈撰文、苏轼书丹《荔子碑》拓片

元结撰文、颜真卿书丹《大唐中兴颂》拓片

万不得已。

故乡，于何绍基而言，不是一个思念的符号，而是一程山水一程歌，更是一程山水一程学问。湘江流域，南部三溪：濂溪、浯溪、愚溪，与何绍基学问关系极大。道州的理学、祁阳的书学、永州的文学，是地域之魂，也是何绍基学问的根底。

一、道光二十一年的还乡之旅

道光二十一年（一八四一），何绍基回归道州。此前的道光元年（一八二一）秋天和道光八年（一八二八）的春天，他曾两度还乡，可惜这两个年份的日记今已不存。然何绍基几度还乡，都与考试有关。尽管父亲何凌汉是嘉庆十年（一八〇五）探花，中进士时已三十四岁，而何绍基的科举之路较其父更为曲折。

道光十五年（一八三五）中秋前后，何绍基在长沙参加湖南乡试。对这场关系命运的考试，何绍基投入相当多的精力，可考完以后，日记却只寥寥几笔提到。半个月后，当他乘船南行，路过衡山，冒雨登祝融峰，感叹于南岳云海白茫茫无边无际，却依然排遣不去对考试的担心。九月初七日晚上，何绍基梦见《湖南乡试题名录》，自己高中第一名。九月初九日，何绍基见到《湖南乡试题名录》，并未发现自己的名字，闷闷不乐的他选择与两位朋友畅饮。次日，朋友带来正版《湖南乡试题名录》，他其实名列第一，原来昨日所见乃是伪刻本。

乡试高中的何绍基知道，这远不是庆祝的时候，等待他的还是会试大考。或许正因此，何绍基旋即买舟北上。这一次，何绍基没有回道州。

道光二十一年，在长沙办完父亲葬事后，何绍基终于踏上回道州之路。路上的风景不断唤醒他旧日的记忆。九月二十四日，舟过衡山，望着远处的南岳，何绍基不禁浮想联翩，“回思重阳岳游，忽忽七年，中间许多人事也”。日记所载，殆为实录。

十月初三日，何绍基移舟浯溪，“冒雨拓得颜碑十余字，因碑石湿透，择干处拓之，止得‘匹马北方，独立一’及‘感德之兴也’”。拓碑之外，何绍基登上庴亭、峿台，这里水石的幽深峭异，一如十四年前，不同者，只是重新修建了元颜祠，以纪念元结和颜真卿。主持修建事宜的祁阳知县易学超，在道光二十年（一八四〇）完成了这次重建。

这一行，何绍基还游玩了中宫寺，本拟买拓片，却没有碰到卖家。

道光二十一年回乡路上，何绍基的心情很差，他的父亲刚刚去世，千里之外的东南沿海，清军正与英国军队激战。回到道州老家，何绍基本支简在公以下人丁不兴，也让他发愁。十月二十四日，完成四伯父葬礼后的第二天，何绍基走了十八里路来到楼田，短暂驻足周敦颐故居。日记云："过濂溪夫子故居处，有大祠，旁有二碑，一系濂溪故居新庙记，欧阳玄撰，一系濂溪故居大富桥记，淳祐年间也。"再行十六里，抵达小坪村舅舅家，"饭后到月岩，见淳祐及至正各碑多古气。熹定八分碑极佳。有仆石在地，有三两君徐步前行者，字颇好也"。次日返回，何绍基"仍过濂溪故居。见田中高峰先生寿祠之记，系淳熙年间物，宜移庙中也"。这一次，何绍基意外发现了滕巽真《濂溪小学高峰杨公寿祠记》一碑。十一月初三日，何绍基从小坪归来，再过濂溪故居。十一月十日，何绍基离开道州北上时，又去了高山寺、镇永楼、濂溪书院。这三处地方，是他每一次还乡的必经之所。

二、濂溪与月

生于理学之乡的何绍基，所为日记，受自省风气熏染。其父何凌汉以理学自鸣，在浙江视学时，即以《宋元学案》刊刻为事，功未竟而遽逝。父亲的去世，是何绍基生命中的危机时刻。他因此与张穆筹建顾炎武祠，邀请王梓材等人在顾祠工作，最终完成《宋元学案》的刊刻。这一父子事业的接力，或许也受濂溪先生精神的感召。

何绍基对周敦颐十分景仰，每次回乡必去濂溪书院。永州的濂溪书院，有他的好友杨季鸾。何绍基住在濂溪书院，时不时拜谒书院内的濂溪祠，祠堂有何绍基恩师程恩泽题写的联语“悟后图书真见圣，生前俎豆始康功”。咸丰元年三月，何绍基在濂溪书院度过了一段美好的时光。有时候他看木工干活，有时候他闲谈。他爱朋友杨季鸾家的小笋、笋丝粉，以为是“好风味”。他和杨季鸾已经八年未曾谋面了。三月十二日这天，更在日记中称赞“今日紫卿（即杨季鸾）肴中小笋白煮鸡最佳也”。

即便离开道州，濂溪遗迹也令他感到亲切。道光二十二年（一八四二）四月初八日，何绍基在南京，曾为夏口的濂溪祠题写匾额、祠联等。所写的匾额有五块，日记云：“五扁者，夏口濂溪祠自去春被回乱，现在新修，其中有先公及彭又熊兄三扁补作，又二扁则余所新题于夏镇及仪征两处祠馆者也，一‘风自依然’，一‘欲天下拙’。”可以想见，何绍基常以自己的笔墨为濂溪祠增光。

祠堂是精神和情感的纽带，是独属个体的特殊情感记忆之所。何绍基内里十分重情，对祠堂有着特殊情愫。咸丰元年三月初四日，清明天，何绍基想起了京城的寓所，想起了长沙的坟山，想起了道州的家祠，他想起那些地方“俱有清明祭奠，我俱不与，怆怆而已”。无怪乎道光三十年（一八五〇），何绍基游览镇江，经过周濂溪先生祠故址，因眼中所见却是片瓦无存，日记不禁感叹连连。

不仅是濂溪祠，与濂溪先生有关的一切，他都特别留意，并标记于日记中。道光二十四年（一八四四）七月初六日，何绍基北行途中借宿郑新店。当地巡检周作孚前来迎谒，何绍基询知其为“濂溪之裔”，便把他写入日记。他的日记常常十分简略，巡检之类的杂佐难以入其日记。周作孚有幸入选，大概也沾了周敦颐的光。

三、柳宗元的读者

道州有何绍基，永州有柳宗元，何绍基则以异代读者的身份常与柳宗元对话。

咸丰元年三月初七日，在长沙至永州的湘江船上，何绍基翻开了柳宗元的文集。日记写道:“初四日起阅《柳子厚集》，紫卿新刻本。三日半，今午毕，俱有加墨、辨订。甚矣，舟中之静也。”书是新书，刻书的是老朋友杨季鸾，书的作者是柳宗元，古文大家、唐代重要的思想家。穷三天半时间，何绍基读完了这部柳集。

对柳宗元，何绍基并不陌生。他去过愚溪，也去过柳子祠。咸丰元年三月十一日日记云，“同紫卿过河，到愚溪深处，又至柳子祠。复至钴鉧潭，游憩而回。江山深远，世间何处复有此耶”。三月十四日，何绍基与杨季鸾“同出，过三亭学舍，即子厚所作《三亭记》处。树石幽奇可爱”。这次游玩永远地定格于何绍基记忆深处。十多年后，同治元年（一八六二）正月二十七日，何绍基重游愚溪，日记写道，“步至愚溪，梯探深处，无所见，见一大浑字而已，溪水正当拗异处，然十年前与紫兄溯洄造奥之乐，不可复得。紫兄作古人，余亦老惫失健步矣”。暮年的何绍基，不能忘怀于愚溪昔游的欢乐。

可以说，永州的风景打下了柳宗元的烙印，何绍基也因永州风景而唤醒了对柳宗元的兴趣。柳宗元的文章，何绍基曾细细玩味。柳宗元的思想，何绍基不完全赞同。

我曾在湖北某图书馆细细翻阅何绍基批校的《柳宗元集》，底本正是杨季鸾所赠。何绍基不满于杨季鸾的校勘，以为“错字太多，紫卿刻此乃全未校耶？三月初七日过浯溪回舟记。子贞”，就是在湘江那条船上，何绍基写下这句批语。何绍基评柳文，每每喜欢把它与韩文对举。他批柳宗元《献平淮夷雅表》，是“当不知有昌黎碑，故冒昧为此”。大大地讽刺了柳宗元。他批《平淮夷雅》（二篇）是“以愬与度平叙，即其不如昌黎处”。韩柳文章，何绍基毋庸置疑更爱韩愈。

然而柳宗元的思想，何绍基极其佩服。他认为“《非国语》多正论，是柳子杰作也，间有不当处耳，至古人作文好饰其说，往往有不轨于正者，春秋战国间其道不明，自孔子六经、《论语》外，子史可议者多矣。固不得遍从而疵诋之也。柳子此作，要可为读书者开辟识见”。何绍基不以古文名，生平所作古文在清朝道咸年间也不甚著称，然而因了故乡的关系，他得以通读柳宗元的文集，从而与唐代的伟大文学家相遇。

四、月亮、风景与石刻

月是何绍基的所爱，十五前后的夜晚，只要天上有月，何绍基总不忘欣赏。这一点，他像李白，很爱天上的明月。何绍基常常看天上的月亮，看乌云散去，看月亮重现。在所有月亮中，何绍基最爱故乡的。咸丰元年三月十一日那天，他在永州，与好友杨季鸾赏月，心安理得。日记写道:“晚同紫翁酌，月上且高矣。同乘月肩舆至芙蓉别馆，茶憩于石桥上。荷池静澈，大月在上，久坐而归。计不到此廿四年矣。仍乘月归。”喜欢月亮的人总是多情，而多情的人总忘不了故乡。

咸丰元年返乡，何绍基准备了四十件衣料单、三十件背面单，全是送给家中男女的礼物。在南行途中，他购买了数担枣子，也全是为亲人预备的。这种细致琐屑的工作，虽给他带来一些麻烦，但并没有阻挡他归乡的脚步。

道光二十一年十月二十四日，何绍基在外祖母家中，“各位舅表老爷都来，余上前各各看，分不清楚也”。何绍基是真诚的，少小离家，即便乡音不改，鬓毛面容却已在在发生变化。亲人的面容往往需要靠记忆才能巩固，而道州的山水，在历史的长河之中，在书卷之上，有时比亲人还亲切。

故乡没有辜负何绍基，全情予这位游子以回馈。咸丰元年三月十四日，何绍基独自前往考棚内，重温秀才时的况味。三月十九日，何绍基在小汉河中得鲫鱼二尾。重游故乡，一切都很温暖。咸丰元年还乡期间，何绍基一面修族谱，一面每日作字。闲暇时分，他得以纵览故乡的石刻与风景。

三月十三日，何绍基在华岩见识了奇旷无比的石洞。三月十六日午后，他去了朝阳岩。日记中的朝阳岩之旅别开生面，“由山石径斜仄，绕江曲折，至洞，乃大开廓，右洪水从洞中出，不测其源，果奇境也。复往南，至群玉山头看石，千形万状，不能尽究。回头至愚溪李树下石溪边，久憩而归”。三月二十一日，何绍基去了淡岩，玩赏了黄庭坚的诗刻。日记写道:“从大路入，不过一里，即到寺。敲门入，洞门在寺后。入洞深曲开朗，黄山谷诗刻勒痕如新以外，宋人题记诗句俱明白且多。由山深，无人伤损也。果然奇伟，盘桓久之。岩水下滴如雨。”八月十九日，何绍基又去了华岩。

在他笔下，道州独特的喀斯特地貌美极了，而那些岩洞则令人印象深刻。譬如宝龙寨，是“岩洞曲幽，玲珑天表，空中楼阁，世所未有”。风景绝佳，石刻未必好找。五月初十日，何绍基在宝龙寨寻找父亲题壁的墨迹，却没有找到。

碑刻是何绍基游玩的一大重心，因那些文字性的内容，不仅标记了地点，印刻了名胜，也与其书法兴趣相呼应。道光二十一年十一月十七日，舟船北上途经衡阳，何绍基闲步雁峰寺，也特别留意了“回雁”“雁峰”的书法。

湘江越往南，船越难走，而石刻越多，及至道州，别有洞天。也因此，何绍基喜欢翻阅郡县志，以为访碑的指南。可惜他的日记没有特别记载访碑的具体内容。

咸丰元年，闰八月初三日巳刻，何绍基抵达浯溪，树石秋清，而他正好在船上徐徐展开清代“四王”之一王宸的画册。又一次，何绍基带上故乡的山水风景，离开了故乡。

五、同治元年的回望

同治元年正月初六日，何绍基从长沙买舟往永州。正月二十三日午后，他和祁阳县令于桐轩同游浯溪。彼时的何绍基尚不知这是最后一次回到故乡，只是年迈的他已无法迈出矫健的步伐。

正月二十七日，何绍基去了朝阳岩，游览了四贤堂、柳子庙。他特别记载了杨季鸾所撰联语“才与福难兼，贾傅以来，文字潮儋同万里；地因人始重，河东而外，江山永柳各千秋”。也是在这里，何绍基看到了伪托己作的联语，可惜写撰俱鄙。

正月二十八日，何绍基顺道去了淡岩，山洞中有汪姓拓碑人椎拓黄庭坚诗碑。何绍基前往索取拓片，遭到拒绝。稿本《何绍基日记》的一位读者批阅至此，忍不住写道："此人尽心职守不愧，有何谓之拘谨……公乃吝此区区，向他横索，是真可叹也。"看来是不满意于何绍基求碑不得的感叹。然而，我们记得何绍基《浯溪石刻》诗说"归舟十次经浯溪，两番手拓《中兴碑》"，想起何绍基时常临《大唐中兴颂》，念及他对石刻的痴迷，就不难原谅一位老人私心的索取了。

何绍基最后一次还乡，故乡的面貌更加模糊了。同治元年二月初一日道州何氏家族大宴，席上"多戚友宗族，面额难辨者多，两眼实钝也"。何绍基老了，而他的故乡则永远地写进了他的日记。

（作者系华中科技大学人文学院讲师，江西广昌人）

潇湘水路的文化景观

张京华

清钱邦芑《湘水考》云："湘源广西，自全州而下，至楚南永州与潇水合，曰潇湘；历祁阳合桂阳诸水，至衡州石鼓与烝水合，曰烝湘；其出武陵，会长沙诸水，径湘阴入洞庭者，曰沅湘。此所谓三湘也。"

潇湘水路北入长江，南通两粤，自古为连接五岭南北最主要的交通孔道。加以地处江南，气候温润，有丹霞地貌，多林泉之美，自古有"清深"之目，故而有众多人文景观、人物典故，沉积荟萃。梳理潇湘水路沿岸的文化景观，约有十八处：

一、人文之始：祝融为火正，羲叔宅交趾

潇湘历史悠久，依照其文明主题的演进，宜分为五期，

即上古先楚文明时期上（唐虞前）、上古先楚文明时期下（唐虞）、上古楚文明时期（商周）、中古汉晋南朝隋唐时期、近古近代宋元明清民国时期。苟详近而不知远，虑失根本也。

最早进入记载的先楚人物，是四岳之一的祝融氏，核心居住区为南岳，控制着以“南”为概念的广大区域，其实际影响北面辐射到洞庭，南面辐射到交趾。四岳出现的时间极早，到尧舜时仍然在位，即《尚书·尧典》“历象日月星辰”的羲和四子。《帝王世纪》云：“命羲和四子，羲仲、羲叔、和仲、和叔，分掌四岳。”其中，居于南岳衡山、侧重观测夏时的，其官名为“火正”，别号为“祝融”。任职者，尧舜时期为羲和四子之一的羲叔，此前颛顼时期则为重黎。羲叔“宅南交”，即交趾，今越南之河内，潇湘为其必经之地。

二、早期开辟：虞舜时代苍梧南北的开拓

上古时期今湖南境内，有两个突出而神秘的地方，一为云梦之野，一为苍梧之野。中间一条湘水，将两地连贯起来。苍梧以北，沿着湘水，经过衡岳，就到达了云梦。苍梧以南，沿着漓水，就到达了苍梧。

“苍梧”有三义。其一为山名，指九疑山。其二为山区名，南岭古称五岭，即大庾岭、骑田岭、都庞岭、萌渚

岭、越城岭，其西古称苍梧。其三为地区名，即古所谓“苍梧之野”，涵盖较广。文献所载苍梧之名，以《山海经》最详，有“苍梧山”“苍梧丘”“苍梧之渊”和“苍梧之野”。

康熙三十三年（一六九四）《永州府志》九疑山舜陵图

唐虞之际，不仅舜帝南巡狩，死于苍梧，葬于九疑，并且舜帝二妃亦死于潇湘之浦，舜帝之弟象封于有庳，在九疑山下，舜帝之子叔均亦葬于九疑山，尧帝之子丹朱葬于苍梧之北，大禹治水曾至九疑山，所谓“东南天柱”，皋陶陪祀于潇湘庙，甚且驩兜、浑敦亦流放南方。尧舜君臣在苍梧南北有一异常活跃的表现，隐约显现出上古文明在南岭区域的大开发。

三、奠立潇湘意象：屈原《九歌》与白蘋洲

商周时代，祝融的后裔鬻熊崛起，为周文王、武王、成王三代的老师，其后分封于楚，开创了楚文明。春秋时楚灵王建章华台，仍有“以象帝舜”的遗规。战国时屈原

流放，也常寄意于潇湘、九疑。

《九歌》中《湘君》《湘夫人》两篇，咏娥皇、女英，即所谓“死于江湘之间，俗谓之湘君”。而《山鬼》所咏为九疑山神，即舜陵之守护者。

《汉书·礼乐志》载《郊祀歌》“九疑宾，夔龙舞”，九疑当解为九疑山神，即夔、龙二臣。生为二臣，死后配为山川之神。

《湘夫人》“九嶷缤兮并迎，灵之来兮如云”一语，王逸注:“九嶷，山名，舜所葬也。言舜使九嶷之山神，缤然来迎二女。”

《湘夫人》:“登白薠兮骋望，与佳期兮夕张”，“白薠”又作“白蘋”，潇湘二水交会处有白蘋洲，即其地。柳宗元诗:“非是白蘋洲畔客，还将远意问潇湘。”

白蘋洲（潇水、湘水交汇处）

白蘋洲为潇湘之会，而潇水源于九疑，《湘夫人》一篇描写湘妃出入潇湘之浦，登白蘋洲，望九疑山，所咏皆为地理实景。

清代在此建蘋洲书院，得其所矣。

四、大规模水利致用：史禄开通灵渠

灵渠是潇湘水路的源头。辛文房《唐才子传》云："潇水出道州九疑山中，湘水出桂林海阳山中，经灵渠，至零陵与潇水合，谓之潇湘。"秦始皇时史禄开凿，连通南北。汉归义侯出兵零陵离水，及马援南征，都由灵渠。唐宋以后，通漕通商，官私往来，千年不废。灵渠于十八里内置三十六斗门，逐级蓄水而行，为水路交通史上第一奇观。

五、回归帝舜主题：西汉帛书中的古地图

马王堆汉墓出土的帛书古地图，《地形图》应当是指示舜陵祭祀的行程路线图，《驻军图》应当是舜陵祭祀的警跸图，二图都与九疑山舜陵的祭祀有关。

《地形图》的河流部分十分突出，但如以为图中的河流是标绘水系，可能是个误解。"九疑之南，陆事寡而水事多"，河流所反映的应当不是水系，而是水道，此图的作用在于指示行进路线。

九疑山及发源于九疑山的深水是《地形图》的中心，

一望而知。所以“深水源”的标志几乎可以认作“九疑山”的同义词，而九疑山亦是帝舜、舜陵、零陵的同义词。

六、汉晋之歌咏：张衡《四愁诗》与罗含《湘中记》

古文“潇”字又作“潚”，其字从“水”，为水名，即潇水的专名。《说文》云：“潇，水名。”又云：“潇，深清也。”《水经注》：“潇者，水清深也。”

“深”字亦从“水”，亦为水名，即深水的专名。《说文》云：“深，水，出桂阳南平，西入营道。”马王堆出土《地形图》的中心位置，山体旁标出“帝舜”二字，一道泉源呈弯曲状从中流出，旁注“深水原（源）”三字。深水源即潇水源，徐霞客《楚游日记》称之为“潇源水”，又称“三分石水”。

可见潇水古以深清得名，为古代第一清澈莹洁江川。张衡《四愁诗》：“我所思兮在桂林，欲往从之湘水深”，“湘水深”并非泛泛言之，而是依据字训的典型描写，是为记咏潇湘之最早者。罗含《湘中记》称“湘川清照五六丈”，“是纳‘潇湘’之名矣”，也是由字训而立说。

七、先贤与后贤：重德教而轻刑罚

汉人重吏治，古有“楚国先贤”“零陵先贤”“长沙耆旧”诸说，都称颂循吏。《零陵先贤传》一卷，传为晋司马彪撰，记载东汉人物六人，李融和郑产均为循吏。有循吏，有法吏。奉职循理，不用威严，亦可以为治，“民各得其所便，皆乐其生”，如此则称为循吏，别称恺悌循良之吏、仁厚循良之吏，乃是地方吏治之极境。

唐元结维舟潇湘，作《朝阳岩下歌》，谓“荒芜自古人不见，零陵徒有《先贤传》”，深有慨于此道。宋沈辽又作《零陵先贤赞》，述及唐人及宋初人，实以后贤接先贤。

八、从自然到人文：唐代元结开辟摩崖石刻

元结两任道州刺史，前后十年，辞官后寓居浯溪，溯游潇湘上下，往来道州、永州之间，著十九铭一颂，《大唐中兴颂》一篇，号称“灿烂金石，清夺湘流”。铭颂大多刻石，遂开辟为摩崖石刻景群，阳华岩、朝阳岩、浯溪碑林，是其大者。

朝阳岩在城外西南两里潇江之浒，岩口东向。当朝暾初升，烟光石气，激射成彩，郁为奇观。岩中有洞名流香，有石淙源出群玉山，伏流出岩腹，色如雪，声如琴，气若兰蕙，从石上奔泻入绿潭。后人之叹美如此。

《朝阳岩铭》云：“欲零陵水石，世人有知。”《丹崖翁宅铭》又云：“爱其水石，为之作铭。”故元结所开创的文化主题可称为“水石文化”。而水石之真义又不在自然，乃在人文。“真乐不在岩，只在吾渊衷。”摩崖石刻历唐宋明

清而盛传不息，皆本于诸贤之道德与才情，或纪咏，或品题，遂使一片荒寂，充溢灵光。

九、永州八记：唐代柳宗元的山水游记

唐柳宗元寓湘十年，作《永州八记》，多在潇湘及其支流愚溪之畔。《钴鉧潭记》《钴鉧潭西小丘记》《至小丘西小石潭记》在愚溪上，《袁家渴记》《石渠记》《石涧记》在潇水上。

“唐宋八大家”之说，始于明人，而“记”作为文体，实由骈赋之小序蔓衍而出，变骈为散，变大雅为小品。虽然，柳氏亦难能矣。清孙梅《四六丛话》云：“自唐以后，‘记’始大鸣。柳子《永州八记》追蹑化工，独开生面，大放厥词。”又云：“天地间山水林麓，奇伟秀丽之致，赖文人之笔以陶写之”，“惟柳子《永州八记》笔力高绝，‘万古云霄一羽毛’，非诸家所敢望尔”。

十、颠张醉素：释怀素的草书艺术

释怀素，字藏真，俗姓钱，唐永州零陵人。擅草书，与张旭齐名，世称“颠张醉素”。传世作品有《自叙帖》《论书帖》《千字文》等。唐吕总《续书评》云：“怀素草书，援毫掣电，随手万变。”宋米芾《海岳书评》云：“怀素如壮士拔剑，神采动人，而回旋进退，莫不中节。”怀素

又与诗人多有交往，李白有《草书歌行》，窦冀有《怀素上人草书歌》。

永州旧有怀素洗砚池、墨池、笔冢、绿天庵、怀素塔，方志载怀素结庵于此，种蕉学书。

至清代，又有何绍基，字子贞，号东洲，道州人，工于书法，熔行、草、篆、隶于一炉，世称“何体”。

十一、圣贤足迹：宋代周敦颐命名濂溪

濂溪为潇水上游的支流。“濂溪”之名，出于周敦颐。

清末叶德辉说道：“湘学肇于鬻熊，成于三闾。宋则濂溪为道学之宗，明则船山抱高蹈之节。”王闿运有楹联云：“吾道南来，原是濂溪一脉；大江东去，无非湘水余波。”

周敦颐，字茂叔，学者尊称濂溪先生，为今湖南永州道县人，宋为道州营道县营乐里，世称濂溪故里。南宋嘉定间王象之纂《舆地纪胜》，已有“濂溪”“周濂溪祠堂”条目。

当两宋时，程珦父子、潘兴嗣、蒲宗孟、度正、黄庭坚、朱熹、吕祖谦、魏了翁、胡宏、张栻等人，都对濂溪学术加以推崇，以为理学道统之开山，上承孔孟，得圣贤不传之学，即为孔孟之后第三位圣人。给一个时代带来思想的光明的人，称为“圣人”。濂溪以此为东亚所共尊。

十二、诗画与想象：宋代以后的“潇湘八景”诗画创作

从屈原开始，湘妃故事频繁出现在包括诗词散文、音乐、绘画等古典文艺中，与之有关的事物如湘水、潇水、潇湘、潇湘楼、潇湘馆、潇湘阁、潇湘门、潇湘驿、湘妃庙、湘妃、江妃、湘君、湘夫人、湘妃泪、湘妃怨、潇湘八景、潇湘水云等等，由于反复歌咏，遂成为古典文艺中凄清幽艳的风格基调和永恒意象。

宋迪始作《潇湘八景图》，描述湘江上下沿岸胜景，有潇湘夜雨、平沙落雁、烟寺晚钟、山市晴岚、远浦帆归、江天暮雪、洞庭秋月、渔村夕照，是为“潇湘八景”。后世往往有潇湘八景诗、潇湘八景词、潇湘八景图，久已成为东亚各国所共同的文艺想象。

八景之第一景“潇湘夜雨”在永州潇湘合流处。宋迪曾经亲至永州，游历淡岩，有石刻题名：“嘉祐八年三月初八日，转运判官尚书都官员外郎宋迪游。”

十三、楚游日记：徐霞客搜寻摹写，历遍山川

徐弘祖，号霞客，明江阴人。少负奇气，年三十出游，自吴、越之闽，之楚，北历齐、鲁、燕、冀、嵩、雒，登华山而归。旋复由闽之粤，又由终南背走峨嵋，访恒山。又南过大渡河，至黎雅寻金沙江，从澜沧北寻盘江，复出石门关数千里，穷星宿海而还。

著《徐霞客游记》十二卷，内有《游楚日记》，自勒子树下往茶陵州、攸县，过衡山县至衡州，下永州船。复返衡州，由常宁县、祁阳县历永州至道州，抵江华县。再自衡州入永，仍过祁阳。对于潇湘上游山川记载尤详，“锐于搜寻，尤工于摹写”，“于山川脉络，剖析详明，尤为有资考证”。

十四、寓贤与乡贤：理学对于地方风教之维系

“寓贤”的狭义解释为谪宦，而谪宦者往往为理学名臣、儒学名宦。

明人于朝阳岩建寓贤祠，祀元结、黄庭坚、苏轼、苏辙、邹浩、范纯仁、范祖禹、张浚、胡铨、蔡元定十贤。自元结以下，皆为两宋贬谪之臣，亦皆为理学中人物，又皆为党争中人物。此外又别有元结祠（称元刺史祠、元次山祠）、颜真卿祠（在颜元祠内）、柳宗元祠（称柳先生祠、柳司马祠、柳侯祠、柳子祠）、周敦颐祠（称濂溪祠、元公祠）、汪藻祠（称浮溪祠）、杨万里祠（称杨公祠）、胡寅祠（在三贤祠内）、蔡元定祠（称蔡公祠）、王政祠（称褒忠祠）、岳飞祠（称精忠祠）等。

“乡贤”是本地出生的士人、官员，而又具有德行功业的人。

明清两代盛行乡贤祀典，州县均设乡贤祠，祭祀历代

乡贤人物，附于学宫，春秋致祭。沈德符《万历野获编》说："学宫祀乡贤，最为重典。"明人朱衮、沈良臣，清末李馥，是潇湘乡贤中的佼佼者。

十五、凄美绝色之寄托：《石头记》与潇湘馆

雪芹《石头记》描摹人世间最凄美之绝色，而又必配以最凄清之地，厥为潇湘妃子之潇湘馆。

"我心里想着潇湘馆好，爱那几竿竹子隐着一道曲栏，比别处更觉幽静。"

当日娥皇、女英洒泪竹上成斑，故今斑竹又名湘妃竹。如今她住的是潇湘馆，因又爱哭，以后都叫她作"潇湘妃子"。

有清第一大言情小说，其寄托与想象必如此。

潇湘庙（位于潇水东岸浅山上）

十六、民国间的潇湘水路：徐桢立《营道纪行》与李茵《永州旧事》

徐桢立，湖南长沙人，民国间学者、书画家、词人。抗战中避居永州宁远，挈家拼船，溯湘江而上，著《营道纪行》。其称泷泊云："两岸人家皆悬楼，可入画。四山回合，青翠倚霄，中汇澄潭，荡漾山影，停舟四望，不知舟自何路来，明当循何路去。盖入泷以来，景色皆佳，此为最胜矣。"潇湘水路经行两千载，往来舟船过客多矣，而能作日记者极鲜。

"永州有七条城门"，"大西门是一个水旱码头，它靠在去河西的浮桥边。它又是一个搭船的大站。早上，凡要去冷水滩、蔡家铺、曲河的都要到大西门来坐船去。要去衡阳、长沙的坐大船。要去河西买糙米的，也要过浮桥去。那浮桥一天繁忙得很，总是走得轰隆轰隆的响"。李茵《永州旧事》如是写道。书为近著，而写民国旧事最具本色。

十七、域外看潇湘：明清越南使节的诗赋歌咏

《越南汉文燕行文献集成》近年出版，收录元至清代越南使者五十三人共计七十九部著作，多为稿本、抄本，是难得的东亚文化交流史文献。当时潇湘水路未废，使者往来多由越南至梧州，过灵渠，沿湘江直下，穿越湖

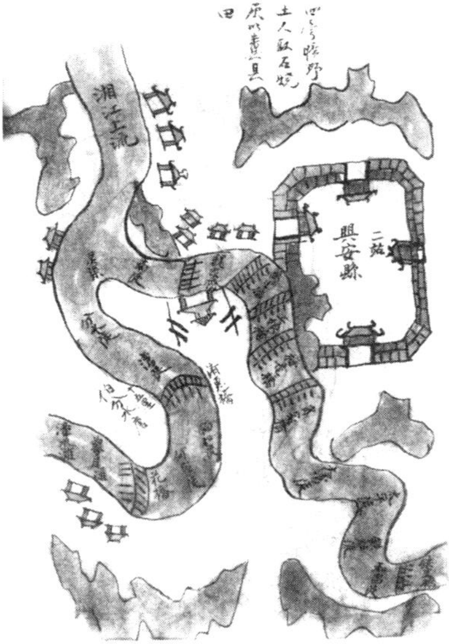

清代越南使者手绘燕行图（灵渠部分）

南全境，其途程犹是秦汉旧况。

《集成》中所见湖南记咏极多，诗作总量近千首。咏屈原、咏贾谊、咏元结、咏柳宗元、咏周濂溪，皆可读。景物则咏浯溪、衡山、君山、洞庭，名胜则咏石鼓书院、岳麓书院、拱极楼、岳阳楼。黎贵惇有《潇湘百咏》绝句百首，即在华人，亦所罕见。而潘辉注《华轺吟录·自序》如是说道："使华一路，水陆共八千余里，楚粤山川之奇，冀豫关河之壮，固历历见诸记载，周览而赋咏之，自是读书人分事。……凡梧江桂岭之苍幽，湘水灵山之秀峭，与夫荆湖江汉胜景之无涯，河朔燕云壮观之攸萃，随地游瞩，眼思豁如，盖十余年来按图卧游之兴，今得以亲履其境，目阔神怡，淋漓壮浪，自不觉发为诗歌赋咏，随所见而描写之。"

十八、近代新地理学：日本学者的地理记述

一九〇〇年前后，大批日本学者来到中国，通过撰写日记、散文、诗歌、小说、志书等形式，对中国进行着较为全面的记录。其中，安井正太郎的《湖南》、东亚同文会的《支那省别全志·湖南省》、芥川龙之介的《中国游记》等文献，对湖南近代的山川地理、人情风貌、经济贸易及交通运输等方面均有详细的记载，是了解近代湖南文化经济状况不可多得的特殊资料。

《支那省别全志·湖南省》侧重地理、经济、物产、交通等方面的情报收集。在交通运输方面，水路依然占据重要位置。水路运输分为民船、汽船两种，其中汽船运营主要分布在长沙、岳州（岳阳）等经济较为发达的地区，其他地区仍以民船为主。书中附有《湘江的民船》《湘潭码头》等黑白照片，还绘有民船式样图，如邵阳地区的宝庆船、倒扒船，衡阳地区的衡州小驳船、衡州稍窝船、衡州驳船，永州地区的永州客船、祁阳船，形式各不相同。当时仅民船就有如此丰富的外观造型，可见湘江水系对本土居民日常生活影响之大。

（作者系湖南科技学院濂溪研究所教授，北京人）

潇湘图卷：精神意象与人文空间的艺术形式

郑开

历来摹写和歌咏潇湘景色的诗画多姿多彩、美不胜收，从而将潇湘塑造成为某种精神意象和艺术意境，同时折射了自古及今的艺术真理与审美趣味之一斑。

一、从王维《辋川图》到董源《潇湘图》

《潇湘图》被认为是董源（北苑）传世真笔，影响深远，在古代绘画史上具有承前启后的重要意义。依照人们——尤其是董其昌《容台别集》《画禅室随笔》——对文人画（水墨山水画）传统的有意识、有目的的塑造，董源的画风继承了文人画开创者王维的衣钵。那么我们不妨从王维（字摩诘）说起。

著名诗人、画家王维晚年寓居蓝田辋川别业，流连华子岗、竹里馆、辛夷坞等山水胜景，与“道友裴迪浮舟往来，弹琴赋诗，啸咏终日”。王维既写下了不朽的诗作，如《鸟鸣涧》《鹿柴》等，收录于《辋川集》；也画出了意境中的山水，如《辋川图》，竟然是文人画（水墨山水画）的起点。据说，王摩诘所绘之《辋川图》，“山谷郁盛，云飞水动，意出尘外，怪生笔端”。王维的真迹或原作早已湮灭在历史长河中，不过余波未泯，于后世《辋川图》摹本中能略窥其中的妙味。更值得注意的是，早期王维的画作属意于青绿山水，苏东坡评论“摩诘之诗，诗中有画；摩诘之画，画中有诗”（《书摩诘蓝田烟雨图》），也许就是指其早期画风；然而他的晚期画作却从趣味上倾向于水墨，从而开启了一个新的空灵奇幻、气韵生动的绘画传统。王维论画，以“水墨为上”，因为它能够“肇自然之性，成造化之功”（《画学秘诀》）。而他的画作也被公认为能够参乎造化：“王摩诘自作《辋川图》，笔墨可谓造微入妙。”（黄山谷《山谷题跋》）“云峰石迹，迥出天机，笔意纵横，参乎造化。”（董其昌《画禅室随笔》）换言之，王维以来的文人画、南宗画、水墨山水之主要特征以及意味深长的地方就是“以云山为墨戏”。

董源的画法被认为“水墨类王维，着色如李思训”（郭若虚《图画见闻志》）。其图卷多写江南景色，亦即当时南唐疆域里的山水风物，《潇湘图》就是其主要代表作。董源之为山水画的重要宗师，在于其画法的创新，更在于董源进一步确定水墨山水的绘画模式，而这种绘画模式决定了画家对物象景色的取舍以及审美趣味的倾向性。董源擅长刻画江南的秀丽风光，没有险峻的山势，没有浅显刻露的巉岩，而是平缓连绵的山峦，映带无尽，山坡上点缀着苍郁葱茏的丛树杂草，林麓洲渚，江村渔舍，风雨溪谷，烟云晦明，所谓“平淡天真，一片江南”。其画法，亦不作奇峭，而是山骨隐现，林梢出没，浅峦轻岚，薄雾淡霭。沈括在《梦溪笔谈》中这样概括董源的绘画：“用笔甚草草，近视几不类物象，远观则景物粲然，幽情远思，如睹异境。”这表明，董源朝思暮想、心摹手追的是那种超以象外的意境，而不仅以刻画物象细致入微为目的，《潇湘图》已具有那种意境中的山水的意味。

米友仁《潇湘奇观图》

自董源以来，历代画家热衷于创作各式各样的“潇湘图卷”，例如李氏《潇湘卧游图》、米友仁《潇湘奇观图》、宋迪《潇湘八景图》、牧溪《潇湘八景》等，状写尽了潇湘二水、洞庭湖、青草湖一带气象万千的江树烟云、风土人物；更重要的是，出现于“潇湘图卷”里的“景”与“色”，折射且濡染了唐宋以来尤其是宋元以来知识分子（文人）的思想与情感、审美趣味与感受方式。

二、宋迪《潇湘八景图》与马致远《寿阳曲》

一般认为，潇湘八景的画题始创于北宋山水画家宋迪，其实，在此之前，“潇湘八景”之名就已经出现。关于宋迪所作的“潇湘八景”，时人沈括在其《梦溪笔谈》中评论说：“度支员外郎宋迪工画，尤善为平远山水，其得意者有《平沙雁落》《远浦帆归》《山市晴岚》《江天暮雪》《洞庭秋月》《潇湘夜雨》《烟寺晚钟》《渔村落照》，谓之八景。好事者多传之。”惠洪禅师在其《石门文字禅》写道：“宋迪作八景绝妙，人谓之‘无声句’，演上人戏余曰：‘道人能作有声画乎？’”应该说，无论是董源的“潇湘图”还是宋迪的“潇湘八景”，都以潇湘二水逶迤萦绕的造化（江南地貌）为粉本。元曲名家马致远曾作八首《寿阳曲》小令，如八幅充满诗情画意的山水画，从不同的角度描写了洞庭湖一带的旖旎风光。马致远八首曲子分别描写了八个胜景，其名称与宋迪“潇湘八景”完全吻合。而“潇湘八景”都有实景相对应，具体说就是：

“潇湘夜雨”在“潇湘八景”中最为著名，描写的是永州城东烟雨朦胧的夜色。潇水和湘水在永州境内汇合，称为潇湘。“潇湘夜雨”很容易触发文人们心底那一缕凄凉落寞哀婉缠绵的闲愁，自然会更深地体会到唐代诗人柳宗元被贬永州司马时写下《永州八记》时的孤寂之情。《永州八记》里面提到的“萍岛”“愚溪”“香零山”“朝阳岩”“钴鉧潭”“法华亭”，都是潇湘两岸的胜景；他借景寄情，抒发了“引觞满酌，颓然就醉”“心凝形释，与万化冥合”（《始得西山宴游记》），“乐居夷而忘故土”（《钴鉧潭记》）等百转千回的丰富情愫。元人马致远《寿阳曲·潇湘夜雨》的唱词是：“渔灯暗，客梦回，一声声滴人心碎。孤舟五更家万里，是离人几行情泪。”元揭傒斯诗曰：“涔涔湘江树，荒荒楚天路。稳系渡头船，莫教流下去。”诗曲、绘画的交相映发，使得“潇湘夜雨”之艺术意境、人生境界更加蕴藉。

潇湘八景第二景“平沙落雁”描写的是衡阳回雁峰周围的开阔旷远、气象万千。潇、湘之水自永州下泻数百公里，波流直抵南岳衡山回雁峰之下，这一带旷野平沙，芦茅丛生，江流浩渺，秋雁戏沙，所谓“山到衡阳尽，峰回雁影稀。应怜归路远，不忍更南飞”。马致远《寿阳曲·平沙落雁》则说:“南传信，北寄书，半栖近岸花汀树。似鸳鸯失群迷伴侣，两三行海门斜去。”

第三景“烟寺晚钟”取景于衡山清凉寺。夕阳西下，炊烟袅袅，晚来风急，古寺钟声敲打着江舟羁旅的游子旅人敏感憔悴的内心，此情此景，恰似水墨画家擅长抒写的“行旅图”。马致远《寿阳曲·烟寺晚钟》则从另一方面、另外的意义上诠释了它:“寒烟细，古寺清，近黄昏礼佛人静。顺西风晚钟三四声，怎生教老僧禅定?”从张继著名诗句“夜半钟声到客船”，“潇湘八景”之“烟寺晚钟”，到今天人们耳熟能详的“南屏晚钟”，都把诗情画意进一步拓展出了声响的维度，进而淬炼了人的审美知觉。

第四景是“山市晴岚”，这里所说的“山”原指湘潭、长沙接壤处的昭山。湘江北去，流经昭山，只见孤峰耸立，岚烟轻霭，紫气缭绕，云蒸霞蔚，美不胜收，令人心旷神怡。马致远《寿阳曲·山市晴岚》曰:“花村外，草店西，晚霞明雨收天霁。四围山一竿残照里，锦屏风又添铺翠。”

第五景“江天暮雪”景点就是“橘子洲”。橘子洲自古为长沙名胜，东望长沙，西瞻岳麓。冬雪纷飞之时，江天一色，万物无声，大地苍茫，好一幅天开图画！这个时候最适合吟咏的小曲就是:“天将暮，雪乱舞，半梅花半飘柳絮。江上晚来堪画处，钓鱼人一蓑归去。”(马致远《寿阳曲·江天暮雪》)

第六景“远浦帆归”乃是江城湘阴的生活写照。从橘子洲顺流而下百余里，便是湘阴古城。黄昏时分，远山含黛，岸柳似烟，归帆点点，渔歌唱晚，斜阳余晖里望归的妇孺，蒙蒙细雨中怅望的商旅，简直就是活生生的渔樵耕读日常生活场景。马致远这样写道：“夕阳下，酒旆闲，两三航未曾着岸。落花水香茅舍晚，断桥头卖鱼人散。”（《寿阳曲·远浦帆归》）可谓宋迪《潇湘八景》的注脚。

第七景“洞庭秋月”显然是描写洞庭湖的美丽夜色。秋空高远，月色如银，八百里洞庭湖一望无际，月光和水色相互交融，浑然为一；倘若登临君山、岳阳楼，饱览沉浸在阴影中的万物，那会油然而生怎样的感慨，没来由撩起多少思绪？马致远“曲”尽其妙：“芦花谢，客乍别，泛蟾光小舟一叶。豫章城故人来也，结末了洞庭秋月。”（《寿阳曲·洞庭秋月》）

第八景是“渔村夕照”，取景地点是桃花源对岸的白鳞洲。“桃花源”又称武陵源，正是陶渊明《桃花源记》所描写的那个地方，也是文人墨客憧憬的地方。马致远《寿阳曲·渔村夕照》：“鸣榔罢，闪暮光，绿杨堤数声渔唱。挂柴门几家闲晒网，都撮在捕鱼图上。”

由此可见，“潇湘”乃是诗人、画家吟咏摹写的对象，也是诗情和画意的寄寓之所。比如说王船山就曾作《潇湘十景诗》，经过画匠和诗人代不乏人的艺术创作，“潇湘”

这一艺术意象深化蕴藉，成为人们借以抒发胸中逸气、浇心中块垒的媒介。而且，宋迪首创的“潇湘八景（图）”，引发了源源不断的模仿或续作，逐渐形成了某种类型化的绘画传统；“潇湘八景”不仅是艺术意象类型化的典范，甚至还漂洋过海，移植到东瀛，形成了日本古代文化接受中国艺术传统的一道奇观。

三、作为精神意象与艺术意境的潇湘

经由画家、诗人艺术作品的濡染与塑造，“潇湘”早已成为古代精神世界的重要艺术意象。以“潇湘八景”而论，它不仅呈现为类型化的艺术形式，更重要的是，它是精神寄托之艺术表象，更进一步说其本质上就是人文空间的艺术形式，寄托了文人墨客的精神心态，折射了唐宋以来迁客骚人、文雅之士的思想情感与审美趣味，影响深远。

下面我们不妨围绕审美趣味和艺术意境两个方面继续讨论中国文化语境中的“潇湘意象”。

（一）水墨山水的酝酿和出现不仅体现于绘画技法等方面，而且还反映了审美趣味的嬗变，后者也许更加重要。倘若把王维《辋川图》、董源《潇湘图》置于青绿山水向水墨山水发展的过程中审视，不难发现其中容纳了更多的抒情色彩和写意因素，使得山水画不仅“摹略自然”（所谓“师法自然”），还要“中得心源”，目的在于写出“胸中沟鳌”。可见擅长“写意”才是水墨优于青绿山水的地方。北宋范宽的艺术生涯也表明了这一点。他先学李成，后来自悟：“前人之法，未尝不近取诸物，吾与其师于人者，未若师诸物也；吾与其师于物者，未若师诸心。”于是乎范宽“舍其旧习，卜居于终南、太华岩隈林麓之间，而览其云烟惨淡、风月阴霁难状之景，默与神遇，一寄于笔端之间”。（《宣和画谱》）

根据张彦远的记述，唐以来的山水画风（或者说绘画旨趣）发生了很有意思的转变：水墨山水的出现和发展，于青绿山水之外另辟蹊径。而从更广泛的艺术精神的衍生角度看，这也同时预示了精神形态的变迁，苏东坡所说的“绚烂之极归于平淡”表明了这种精神形态变迁的逻辑。我们进一步以张璪、徐熙为例说明问题。据荆浩《笔法记》，张璪所画树石“气韵俱盛，笔墨积微，真思卓然，不贵五彩，旷古绝今，未之有也”。徐熙开创了江南野逸画派，其画技的最大特点是“落墨”。如《宣和画谱》说：“今之画花者，往往以色晕淡而成，独熙落墨以写其枝叶蕊萼，然后傅色，故骨气风神为古今之绝笔。”沈括《梦溪笔谈》谓：“徐熙以墨笔画之，殊草草，略施丹粉而已。”郭若虚《图画见闻志》亦曰：“（徐熙）落墨为格，杂彩副之，迹与色不相隐映也。”张彦远显然非常倾心于当时的新生事物——水墨，他说：“草木敷荣，不待丹碌之采；云雪飘扬，

不待铅粉而白，山不待空青而翠，凤不待五色而绛。是故运墨而五色具，谓之得意。”（《历代名画记》）

有趣且耐人寻味的是，着迷于色彩表现的日本画家东山魁夷曾在他的艺术创作中“强烈意识到要进入水墨画的世界了”。也就意味着他自觉地“从色彩的感觉世界向水墨的精神性世界位移了”。这足以表明水墨山水传统蕴含的精神性及其出现的必然性。内藤湖南在其《中国绘画史》特别表彰水墨山水的艺术价值和精神蕴藉，绝非溢美之词，也不是由他个人的趣味、偏好、私臆形成的判断，而是由艺术规律和文化史走向决定的。

（二）进而言之，“图卷”和“诗草”营构出来的潇湘艺术语境，具有耐人寻味的精神意象和艺术意境之韵味。艺术创造的根本规律之一就是源于生活、高于生活。那么“潇湘图卷”所绘之景，不仅是艺术家审美心胸的展现与投射，同时也是对自然山水的淬炼与升华。换言之，随着潇湘图卷的展开，真实、纯粹意义上的山水铺展于天地之间，当然这种真实和纯粹都是艺术真理层面上的真实和纯粹。董其昌曾反复观摩他自己收藏的“潇湘图卷”，并记录下了他的真实体验：“行潇湘道中，蒹葭渔网，汀洲丛木，茅庵樵径，晴峦远堤，一一如此图，令人不动步而重作湘江之客。昔人乃有以画为假山水，而以山水为真画者，何颠倒见也！”（《随笔》）潇湘之景，早已成为诗画传统的艺术意象了。艺术意境中的“潇湘”，心灵之眼所目睹的山水，早已逸出了物理世界，不限于具体地点的景物和景象！

艺术作品中出现的“潇湘”更是某种精神意象和艺术意境，其时间早已静止不动，空间早已金刚不灭。恽南田《南田论画》之语非常精辟：“灵想之所独辟，总非人间所有，其意象在六合之表，荣落在四时之外。”比如说，王维曾绘《卧雪图》，体现了“荣落在四时之外”的旨趣玄思。再比如说，古代艺术家特别喜欢状写那种“空山寂无人”的图景，那是一种图卷上的“绝对空间”。倪云林笔下的寒山瘦水、疏林枯木、丛竹怪石，具有突出的“非空间”特点，例如他“通过瞬间而成的‘书法性用笔’（笔迹）和空间组织形式，将当下的体验记下，创造出独一无二的空间形式”，仿佛“冰痕雪影”。朱良志称之为绘画的“绝对空间”，而不是物理学中的相对空间。

潇湘之诗、画的艺术创造和文化意义让我们若有所悟：艺术作品的价值和意义在于它内在于人的心灵、精神和境界；所谓“自然美（自在意义上的自然美）”根本不存在，它游离于人的精神世界之外。艺术作品中的潇湘也是如此，精神意象和艺术意境属于人，属于人的思想高度和精神境界。

尼采说：“只有作为一种审美现象，人生和世界才显得是充足理由的。”又说：“艺术是生命的最高使命和生命本来的形而上活动。”这两句话道出了艺术真理的本质，与创作“潇湘图卷”背后的艺术动机和审美趣味同气相求。艺术和审美是而且只能是人的自我肯定，是自由的呈现，也是对一切不自由的决绝反抗。这也是尼采越来越把审美现象与生命力的强度联系起来，主张用艺术拯救人生的真正原因。

（作者系北京大学哲学系教授、中国哲学教研室主任，安徽合肥人）

但开风气不为师

邓晓芒

一代哲人李泽厚先生走了，“挥一挥衣袖，不带走一片云彩”；但他给国内学界带来了一股“静悄悄的”，却又永远抹不掉的哀思。改革开放以来的四十多年，不论中国的思想界发生了多少翻天覆地的变革，没有人能够忘得了在那个百废待兴的年代，是谁在一片思想废墟中冲天而起，在哲学的高空发出了“建立主体性论纲”的第一声鹤唳，以康德哲学为切入点，在人类知、意、情三个方面为人性的复归和发扬开启了新启蒙的征程。对于与我同龄上下的整整一代学人来说，李泽厚这个名字就是与理论的创新、趣味的复兴和文风的革新分不开的。在以往数十年的教条主义禁锢之下，学界沉寂得太久了，李泽厚的横空出世，使那时的青年学子们激情澎湃，几乎个个都跃跃欲试。

大家突然发现，居然有那么多荒芜的空地等待着我们去驰骋、去开垦！

回想起一九七九年，我还是长沙市水电安装公司一名搬运工，办了一张湖南省图书馆的免费借书证，借得最多的是美学方面的书。那时“四人帮”倒台不久，能够开放外借的书还不多，其中有《新建设》和《光明日报》编辑部所编的《美学讨论集》六卷，我最早就是从这套书中得知了“李泽厚”这个名字。六卷文集收录了二十世纪五十至六十年代那场国内美学大讨论的文章，其中最重要的一个主题是对朱光潜的美学观点的围攻。说实话，我当时对朱光潜的观点还是比较同情的，认为大体上符合我自己的审美感受，只是在理论上还有不够完善之处；而对那些围攻者大都不屑一顾，认为他们都是在扣“大帽子”，不讲道理。但唯有李泽厚对朱光潜的批评从马克思的《1844 年经济学哲学手稿》中“自然的人化”和“人的本质的对象化”的思想出发，显出了相当的学理性，令人耳目一新。当然，我也不同意李泽厚的观点，认为他的“社会的客观”虽然比蔡仪的“自然的客观”稍进了一步，但仍然没有真正解决美的本质问题。我利用当年刚刚考完研究生、正在等通知的一段时间，通读了这六卷文集并做了详细的笔记，然后针对李泽厚的《美学三题议——与朱光潜先生继续论辩》一文，写了一篇一万八千字的商榷文章，反驳他的观点，顺便也指出了朱的漏洞。文章写成后，我当即寄给了泽厚先生，原以为由于措辞尖锐，可能不会收到回音。没想到泽厚先生不久就给我这个小小的搬运工回了信，信中承认他们当年那场争论的层次不够高，他的观点后来也有所改进;并指导我在美学的学习上还应当看哪些书。李泽厚当时已是国内学术界的一等明星，他能够对我这样一个小人物如此包容，令我十分感动。恰好这时李泽厚的代表作《批判哲学的批判——康德哲学述评》出来了，我立刻买了一本，花半个月的时间读完，做了密密麻麻的眉批，有赞同，也有质疑。因为我考的研究生方向正好就是德国古典哲学，泽厚先生这本书对我来说无异于雪中送炭。

该书是我读到的第一本对康德哲学作系统研究和阐释的书，其中特别触动我并影响到我后来的致思方向的，是由康德自然目的论中引出人类学视角，并与早期马克思的“自然向人生成”的观点相贯通的独特思路。后来我进入武汉大学哲学系读研，毕业后留校，在美学教研室刘纲纪先生（泽厚先生的合作者）手下任教，其间翻译了康德的《实用人类学》，而所做的硕士论文题目就是《康德人类学的核心——判断力批判》，在导论中第一个小标题则是“人类学立场是开启康德哲学的钥匙”。当然，我后来通过自己对马克思的早期手稿的钻研，在对“实践唯物论”的理解上已经与李泽厚的理解有了很大的分歧，并在与易中天合著的《黄与蓝的交响——中西美学比较论》中提出了“新实践论美学”的构想。但我至今仍然承认，整个实践论美学在国内最早还是从李泽厚那里发源的，他也是国内第一个把马克思早期的《1844年经济学哲学手稿》引入美学研究中来的学者（一九五六年）。

在中国学界，李泽厚还有多个“第一”。除了上面提到的为二十世纪八十年代的新启蒙打出了第一面“建立主体性论纲”的旗帜和第一个引进马克思的早期手稿来研究美学问题之外，他还第一个将“五四”新文化运动概括为“启蒙与救亡的双重变奏”（据说国外有人先提出，但在国内是李泽厚首度发声），第一个主张对外来文化要“西体中用”（马克思主义实践论为体，儒家情感为用），第一个提出“人化自然说”来解释美的本质，第一个提出“美感的二重性”（个体直观性和社会性），也是第一个提出“人类学本体论”（包括“工具本体”和“情感本体”）。这些新颖的提法极具争议，长期成为学术界的热点话题。可以看出，所有这些“第一个”都有一个共同的特点，就是全都是一个个的矛盾结合体，因而按照对立统一的规律而处于运动发展中。这表明泽厚先生具有极其清醒的方法论意识，对辩证法的对立统一律（当时理解为“一分为二”和“合二为一”）有种自觉的掌握和运用。但这种方法也有利有弊，利在可以避免片面性，双拳出击，兵来将挡，水来土掩，总可以立于不败之地；但缺点是容易导致自我冲突而解体，断为两截。如何能够走出这种困境，这正是泽厚先生毕生未能解决的问题，也是他留给后来学者的一个值得思考的课题，甚至可以看作他的一个方法论上的理论贡献。我们看一个学者的贡献不但要看他解决了什么问题，也要看他提出了什么问题，甚至有时提出问题比解决问题更重要，例如康德的哲学就是这样。

在这方面，泽厚先生颇有自知之明，他从来不说他解决了什么理论难题，也不说自己建立起了什么无懈可击的体系，他提供的只是思路，他指出的只是大致的方向。因此他做的不是学院派的严格学问，而是保持着活泼泼的日常生活气息的新鲜思想。他关心的是“中国民族的哲学贫困时代应该结束”，他希望的是“我将退场，但中国哲学该登场了”。他是一个纯粹的学者和思想家，只做自己想做的事，一辈子都在思考，但从来不拉门派，总是独自一人，他践履的是龚自珍的人生态度：

河汾房杜有人疑，
名位千秋处士卑。
一事平生无齮龁，
但开风气不为师。

（作者系华中科技大学哲学学院教授、德国哲学研究中心主任，著名学者，长沙人）

思想家的余音：李泽厚与岳麓书院

夏金龙

在古书《列子·汤问》中记载着一段韩娥的故事，称其歌声美妙，以至于“余音绕梁欐，三日不绝”。美妙音乐自有其独特的魅力，先贤的精深思想同样也有令人回味无穷之特效。在长沙岳麓山下有一座山间庭院——岳麓书院，千余年来，朱熹、张栻、王阳明、王夫之……一代代思想家们徜徉其间，留下来或浓或淡的历史印记，如今他们思想的“余音”仍回荡在这座庭院的历史天空。

我曾多次独自游走于岳麓书院的专祠、讲堂、斋舍等空间中，期待在下一个历史的转角，与这些思想家们偶遇，和他们聊聊在这座庭院里发生的事、读过的书、说过的话，以及他们的所思所想。对于我来说，这些先贤我虽未曾谋面，但相交许久，他们已演化为我心目中的一个个思想符号，值得自己反复追忆的一段段时代印记。现在这些思想家群体中又多了一位——李泽厚先生。

在如今仍是“思想家淡出，学问家凸显”（李泽厚先生语）的时代，我们循着李先生与岳麓书院数十年相遇的足迹，能感受到一代思想家的“余音”犹在，如得以“发潜德之幽光”，或许能沿着先生的思想踪迹继续前行。

跨越时代的学术情谊、友情与故乡情

提及与李泽厚先生的交往，岳麓书院的陈谷嘉先生、朱汉民教授与肖永明教授感触很深，往事历历在目。

早在一九五九年十月至一九六三年十月期间，陈谷嘉先生跟随中国社会科学院历史研究所侯外庐先生学习中国思想史，当时李泽厚先生在中国社会科学院哲学研究所任助理研究员。两人同住在社科院八号楼宿舍，加上又同是湖南宁乡人，彼此往来频繁，逐渐建立起深厚的学术情谊与同乡情谊。在陈先生的印象中，李先生是一位睿智博雅、极富学问的学者。

一九九八年九月二十三日，李先生来岳麓书院参加座谈会的第二天，就同陈谷嘉先生一道，在书院肖永明老师等人陪同下，前往湖南宁乡县道林镇老家。据陈先生回忆，李先生说自己争取每年都能回家乡看看，故乡的油菜花盛

二〇〇三年十月十六日，李泽厚与陈谷嘉交谈

开的时候正是人间最美的时节，远在大洋彼岸时刻想念故乡的风景、人物与故事。陈先生说:“如今油菜花年年开，不见故人回来。”让人听起来感动莫名、悲从中来。

二〇〇三年十月十六日，李先生再次来到岳麓书院，与湖南大学、湖南省社科院等单位的师生座谈。李、陈两位先生相谈甚欢，当时留有一张宝贵的合影，至今仍珍藏于陈先生的书桌旁。

二十世纪八十年代，李泽厚先生的学术思想影响着一代青年学者，岳麓书院朱汉民教授也是其中之一。那个年代，李先生的著作成为许多青年学子的必读书目。一九九一年，李先生回家乡考察调研，朱教授终于有机会和李先生相识。见面后，朱教授将自己的第一本专著《圣王理想的幻灭——伦理观念与中国政治》呈送李先生批评与指正。李先生当时住在省委九所宾馆，他花了一天时间读完该书，对朱教授的学术研究给予了高度评价，说是他最近读书中最好的一本，并表示他会推荐这本书给中国社科院的领导与同事。受到巨大鼓舞的朱教授对当时的场景记忆犹新，这也坚定了他从事中国思想史研究的信心和决心。随后于一九九八年九月、二〇〇三年十月、二〇一四年七月等，朱教授曾多次见到李先生，每次印象都很深刻。

一九九八年九月二十三日，应湖南大学岳麓书院朱汉民院长的邀请，时任中国社会科学院哲学研究所研究员的李先生莅临岳麓书院，与书院师生座谈，探讨中国思想史的发展脉络等问题。“李先生很有个性，他说不定主题，不搞主题讲座，可以请与会人员自由提问，他来作答，‘这也可以考察一下我的记忆力’，大家都被先生的话逗乐了。”出席座谈会的朱汉民教授回忆。当天，湖南大学岳麓书院邀请了湖南师范大学、中南大学及湖南省社科院等相关领域的专家、学者及学生，“现场坐得满满当当，气氛热烈，李先生的思想盛宴让大家受益匪浅”。

同样参加座谈会交流和研讨的肖永明老师回忆：在座谈中，李先生同窗故友、湖南大学原校长、时任湖南大学人文学院院长成文山先生还与李先生探讨了近代历史著名人物谭嗣同评价等问题。这次座谈会上的问答录音交由肖老师整理成稿。在整理的过程中，肖老师多次向李先生请教修改意见，从中感受到一代学人的风采。第二天，在陪同李先生回宁乡老家的过程中，又再次聆听了先生独特的思想见解，令人耳目一新。

二〇一四年七月十日，朱汉民教授、肖永明教授、李亚先生等人前往北京拜访李先生，并邀请其襄助“全球华人国学大典”，得到先生的支持与鼓励。离别时，李亚先生用相机记录了李先生渐渐远去的背影。众人当时觉得自己是在记录历史，似乎这也是一个时代的背影。

藏书赠于御书楼　嘉惠书院师生

一九九一年李泽厚先生为岳麓书院题辞:“朱张遗教，湘楚人文”，之后一直关注与支持岳麓书院的恢复办学与建设发展。

九年后，二〇〇〇年下半年，李先生主动联系时任岳麓书院院长的朱汉民教授，表示自己有一批个人藏书想捐给岳麓书院，继续发挥其作用，这让朱院长感动万分。随后二〇〇〇年十二月二十六日第一批赠书共计两千余册入藏岳麓书院御书楼，在二〇〇一年一月至二〇〇三年五月期间又陆续捐赠入藏，总计约三千册，摆满了三大书架，种类众多，有专著、小说、诗歌、年谱、辞典等。二〇〇三年十月，李先生来岳麓书院时还去看了自己所捐赠的书籍，并合影留念。

岳麓书院御书楼藏
李泽厚先生赠书

据悉，李先生是将自己在北京翠花胡同居所的藏书捐赠给岳麓书院，并特别强调要以他的母亲名字“陶懋枏女士”命名捐赠书柜。在一篇采访稿中还有这样一段记载：（李先生）书房里的书已经不多，大多已送给岳麓书院，一部分送给别人，少部分带到美国……

李先生捐赠的图书现珍藏于岳麓书院御书楼二楼，命名为“陶懋枏书室　李泽厚先生赠书”，毗邻李学勤先生捐书专柜，二者蔚为大观，已成为书院师生时常驻足阅读与学习的地方。“这些书很珍贵，在书院御书楼里面保存得非常好，有些著作上留有学者的签名及李先生自己的批注、签章等，观看这些赠书对于研究与了解先生的读书治学方法与学术思想发展脉络很有借鉴意义。”一位经常阅览李先生赠书的书院学生如是说。

支持国学大典　著作获得成果奖

“致敬国学：全球华人国学大典”是由湖南大学岳麓书院、凤凰网、敦和基金会等倡导并联合主办的年度文化传播系列活动。在大典策划与筹备之初，承蒙李学勤先生、李泽厚先生等著名学者的鼎力支持与指导。

二〇一四年七月十一日下午，“致敬国学：首届全球华人国学大典”启动仪式在北京中华世纪坛隆重举行。作为蜚声中外的当代中国思想界、文史界的领军人物，84 岁高龄的李泽厚先生亲临启动仪式现场。久未露面的李先生当天看上去身体健朗、精神矍铄。在大典启动仪式上，李先生与主办方代表登台共同按下了大典活动启动球，在现场采访中对国学大典寄予了厚望，表示自己非常期待本次活动能够圆满成功。

二〇一六年十月二十九日晚上，“致敬国学：第二届全球华人国学大典”颁奖盛典在湖南大学大礼堂举行，现场揭晓全球华人国学奖的获奖名单。李先生的大作《由巫到礼　释礼归仁》（生活·读书·新知三联书店出版，二〇一五年一月）获得“致敬国学：第二届全球华人国学成果奖”。

余音之后

李泽厚先生是典型的湖南人，远离家乡，始终挂念着湖南故土与故友，对岳麓书院、湖南历史人物赞誉有加。

在二〇一八年十一月岳麓书社出版的《湘水》第四辑中，在讨论话题“湘学对近现代中国的思想贡献”时，李先生高度赞扬了从岳麓书院走出来的历史人物，他说:“从王船山开始，特别是近代以来以魏源为首，以后经曾国藩、郭嵩焘、谭嗣同等人一直到毛泽东，都是讲究经世致用、救国拯民的，所以不能以理学来概括湖湘学问，那不是主要方面。……湖南经世致用的学风和思想，在中国现代化进程中产生了深远影响，今天仍然值得继承与发扬。”李先生一生始终受湖南经世致用、传道济民学风和思想的影响，他沿着这些湖南历史人物的思想足迹再出发，逐渐成长为一个纯粹的学者和思想家，也将成为湖南历史和思想人物的代表之一。

斯人已逝，思想犹在。相信这些思想家们的“余音”在“三日之后”不会成为“绝响”，正如那些在近现代史上产生重要影响的湖南历史人物一样，总能够在历史岁月中谱写一段段时而舒缓、时而激烈的思想乐章!

（作者系湖南大学岳麓书院科研基地办公室主任，安徽庐江人）

浯溪考序

王士禛

楚山水之胜首潇湘，潇湘之胜首浯溪。浯溪以唐元结次山名，得鲁公磨崖书而益彰。溪之前后旧有两集，为李仁刚、綦光祖撰，见于《舆地碑目》，皆无传。今志乃出庸手，总杂泛滥，至不可耐。族侄某知祁阳，以一本寄余，览之辄太息，以为古今名迹不遇其人，卤莽载笔，与黥劓何殊？乃以退食之暇，杂考新旧《唐书》，次山、可之、豫章、石湖、诚斋、铁厓、归田、升庵、弇州诸集，《宣和书谱》、欧阳《集古》、赵氏《金石》二录、《广川书跋》《石墨镌华》《墨池编》，旁及《挥麈录》《桯史》《容斋五笔》《示儿编》《学林》《玉堂嘉话》《菽园杂记》诸书，穷搜遐摭，要取精核，间录诗赋杂文，汰俗存雅，多郡志、溪志所未收者。诵之若与次山之文宫徵相和，泠然

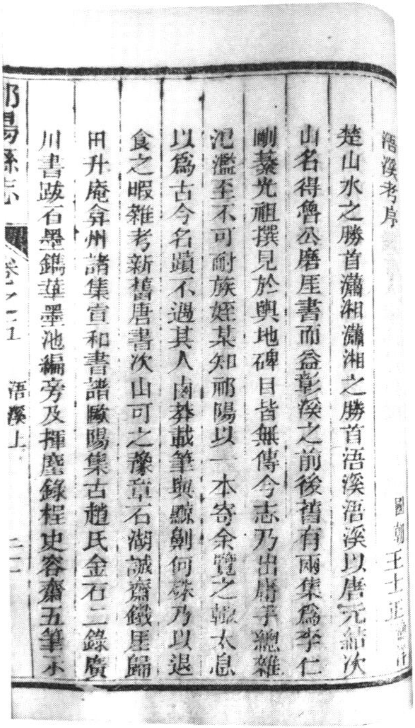

浯溪考序　國朝　王士正[illegible]

楚山水之勝首瀟湘瀟湘之勝首浯溪浯溪以唐元結次
山名得魯公磨厓書而益彰溪之前後舊有兩集爲李仁
甫綦光祖撰見於輿地碑目皆無傳今志乃出胥手總雜
氾濫至不可耐族姪某知祁陽以一本寄余覽之輒太息
以爲古今名蹟不過其人內彝載筆與縣劇何殊乃以退
食之暇雜考新舊唐書次山可之豫章石湖誠齋鐵厓歸
田升庵弇州諸集宣和書譜歐陽集古趙氏金石二錄廣
川書跋石墨鐫華墨池編旁及揮麈錄桯史容齋五筆不

祁陽縣志　卷二十二　浯溪上　二二

《浯溪考序》书影

善也。书成上下凡二卷，恨不起鲁公、次山、山谷三公而质之。至李、綦二君之书终不可见，会当访诸江南藏书家，冀幸得之。

（辑录自同治九年《祁阳县志》）

何绍基日记三则

何绍基

咸丰元年三月初七日（四月八日）晨起，阴，有小雨。开船不久即至祁阳泊。买菜耽阁颇久，船上亦买酒肉也。行又数里，泊浯溪，游憩，题记于亭柱。古树视十年前摧伐多矣。可叹也。看《中兴颂》，谒颜、元祠，至中宫古寺。回船时午，晴见日，颇热。复行不住，至暮折江塘泊。遇石壁奇峙如昨，此处距县四十五里，初夜雨。自廿三上船看《海国图志》，至初三日毕。初四日起阅《柳子厚集》，紫卿新刻本。三日半，今午毕，俱有加墨、辨订。甚矣，舟中之静也。两仆读书学诗，亦专勤之至。晚间阅《经世文编》起。舟子云距永州尚有一百二十里。

咸丰元年三月十一日（四月十二日）早作卅次京信，

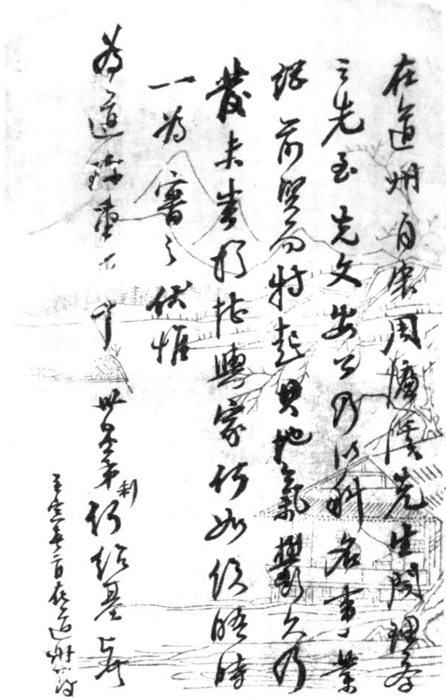

何绍基道光二十二年（一八四二）致陈金城书札

并寄子敬信于长沙，交蔚翁寄省去。到府学拜李东垣，拜徐玉珊太守，方往江华防堵去。与东垣一谈归。过紫翁处早饭，回，且谈闲话，看木工做活。午间，紫翁携饭来同酌。天热，颇难耐。同紫卿过河，到愚溪深处，又至柳子祠。复至钴鉧潭，游憩而回。江山深远，世间何处复有此耶。晚同紫翁酌，月上且高矣。同乘月肩舆至芙蓉别馆，茶憩于石桥上。荷池静澈，大月在上，久坐而归。计不到此廿四年矣。仍乘月归。连日食小笋，好风味。

同治元年正月二十七日（二月二十五日）昨夜好睡。雪已数寸，日出融溜，的答不已。晨餐后，主人邀同过浮桥，至厘金局，访王子甹。子甹乃百泉之弟也，百泉久殉难矣，子甹回冷水滩去，壁间悬毅弟山水，见之怆怆，因携归家中，想子甹归来，不我怪也。至朝阳岩，新添亭阁甚妙，看洞后回至四贤堂，写字饮酒，夕阳西下矣。过柳子庙，后山园高敞，可构亭榭，树木亦萧萧有致，杨紫卿联云：

才与福难兼，贾傅以来，文字潮儋同万里；
地因人始重，河东而外，江山永柳各千秋。

有余款伪联，写撰俱鄙。愚步至愚溪，梯探深处，无所见，见一大浑字而已，溪水正当拗异处，然十年前与紫兄溯洄造奥之乐，不可复得。紫兄作古人，余亦老惫失健步矣。回城，入考棚，新修敞整。回衙后，有绍坤弟同本家济川来话，问及东门街光景，於唈而已。绍坤从军得司衔，济川老廪生，来送府考武童也。诩庵借郡斋做东，同坐者黄立录、龚谱香、沈厚轩。谱香者，临桂庚子孝廉，侨寓此间，殊风雅。夜寄省信，交诩庵。

（辑录自岳麓书社《何绍基日记》，待出，尧育飞、毛健整理）

《湘水》读后

夏晓虹等

夏晓虹（北京大学中文系教授，著名学者）

《湘水》已收到第七辑，感觉越来越好。开本虽小，文章亦不长，分量却很重。这与每辑设立专题有很大关系。而且，比较最初的八九个栏目，现在删繁就简，反而重点更突出，面目更清晰。因个人研究兴趣所在，对本册的《湖南早期留学生小辑》尤为关注。六篇各有看点，而述蔡和森一文对我最具启发。特别是其中言及毛蔡等新民学会青年，仍走的是传统“修齐治平”的人生路径，而其乡前辈曾左彭胡正是最成功的典范，确为点睛之笔。至于从“修齐”如何过渡到“治平”，我想到了梁启超一九二七年对清华国学院学生讲的一段话。他以曾国藩、胡林翼等人为例，说明看似迂远的人格修养，由于志同道合者的共同讲求，造成风气。到时局不可收拾之际，这些人便能应时而起，以所学改造社会，成就大事业。

吴岳添（中国社会科学院外文所研究员，湘潭大学外国语学院教授）

久闻“惟楚有材，于斯为盛”，参观了挂有这副著名对联的岳麓书院，瞻仰了韶山等革命圣地，以及曾国藩故居等名胜古迹，深信湖南乃风水宝地、人杰地灵。蒙黄友爱主编赠阅《湘水》第七辑，拜读其中的《湖南早期留学生小辑》，更知湘人刚毅质朴之传统其来有自。湖南早期的一些留学生如留德的实业救国先驱宾步程，留美的经济学家何廉，女作家陈衡哲，如今虽然声名不再，但他们当时对改造中国所作的贡献已经载入史册。金岳霖是闻名遐迩的哲学家，蔡和森更是早期的革命先辈。蔡和森是最早信仰马克思主义的，在新民学会和中国共产党的创建中厥功至伟，而新民学会的许多成员能走上革命道路，皆得益于他们的恩师杨昌济。作为新民学会的精神导师，杨昌济提出从物质层面、政治层面和思想层面向西方学习的三个阶段，同时强调本国文化之重要，在有批判地学习西方时要恪守本国之民族精神。他的见解可谓慧眼独具，即使在今天依然具有现实意义。

张静（南开大学文学院教授）

“一掬灵均泪，千年湘水文！”《湘水》中的文章，篇幅短小，却每每令人掩卷遐思。比如第七辑中《金岳霖：探究“哲学何为”》一文“知识意味着船坚炮利，但是美德或者说人的价值观与信念指挥着船首与炮口的方向”，在国际政局动荡的当下读来尤为警醒；陈衡哲：《能“造命”的奇女子》一文抛出的女性在婚姻与事业之间如何抉择才算成功的问题，恐怕亦是当下不少家庭主妇、职业白领甚至学府淑女们痛苦纠结的没有标准答案的考题；《屈原与诗教》指出“诗教是君子的语文学，所教的是父亲的语言，是所有年轻人进入公共的礼乐世界的第一步”，使我想起林语堂先生所言“吾觉得中国的诗在中国代替了宗教的任务”。……陈子昂的诗云“湘水有清源”，相信《湘水》一样有源头活水，会越办越好。

谭桂林（湖南大学文学院二级教授）

每读《湘水》，都有收获。譬如过去常以为湖湘大地是乡土文化为盛，难免封闭和土气，读第七辑的《湖南早期留学生小辑》，才知道其实这块乡土上的许多智者，也曾驰骋在国人走向世界的前列。尤其是介绍宾步程的文章中对“实事求是”的理解，更是精辟警策，发人深省。实事求是乃儒家文化的精魂，但朱子一脉将“实事求是”理解为即物穷理，甚至将“理”强调为圣人心中的道德伦理。宾步程留学德国，在西方科学文明的浸润下重新建构了“实事求是”的精魂，认为实事求是要求的那个“是”应该是通过科学实验所探究的客观事物的规律。所谓道德伦理，乃是精神之物，即使出自圣贤也难免偏执，而客观事物的规律，通过科学证之验之，才最吻合或者说接近事实。所以，是通向道德伦理之域，还是通向客观事物的规律，一念之间，实事求是的精神已不可同日而语了。如此警醒之文，真愿天下人都能拜读。

编后

“挥毫当得江山助，不到潇湘岂有诗”，这是南宋诗人陆游的诗句。如果作潇湘入诗考证，我们会发现，作为地理的潇湘是明晰的，但是作为历史和文化概念的潇湘则未必尽然。去年九月，我问寓居美国的李泽厚先生，如果回湖南，最想去哪里？先生毫不犹豫地答道：潇湘永州。在先生看来，潇湘是寄托湖南情结和文化想象的“记忆之场”。

当代大儒饶宗颐曾说：“做学问应‘溯源’不已，追到源头，然后‘缘流’而下。”我们寻根溯源，就会发现潇湘之美，不仅美在水石神韵，而且美在文化意涵，元子（结）的善政、柳子（宗元）的词章、周子（敦颐）的哲思，光耀本地，化及斯域，更因其意旨宏阔影响了中华文化。而

“三子”流寓的地方“三溪（浯溪、愚溪、濂溪）”，也因此闻名古今中外。

湖南有千百条溪河，流入湘水，汇入洞庭，有洄澜、有激荡，不仅是一种自然现象，而且在湘人心性与物象之间构建一种相互契合的关系，寄托一种超越日常世界的精神追求，是湖湘人文精神的栖居之地。立足“三溪与三子”这样的小切入点，深研湖湘人文历史，阐扬湖湘人文精神，也许是《湘水》今后的办刊方向。

静坐阑珊冬夜里，字斟句酌每一篇文章，有一种孤灯照影的感觉。好在灯孤道不孤，《湘水》创刊八年以来，牵引我们的是文化的自觉，推动我们的是前辈的目光，滋养我们的是共同的心愿。作者编者读者，怀共同心愿者，携手并肩，精耕细作，《湘水》必将从涉溪试水走向蔚为大观。

编 者

二〇二二年十月

稿约

《湘水》为不定期出版的湖南人文丛刊，以“发掘湖南人文历史、阐扬湖南人文精神”为宗旨，长期向广大读者、作者征稿，内容主要包括：

一、解读湖南文化地标、文化人物、文化事件的文章；

二、展现湖南人文底蕴和人文风貌的文章；

三、抒写湖湘情怀和湖湘记忆的文章；

四、介绍湖南稀见文献和文物的文章；

五、研究湖南与外省人文交流的文章；

六、有关人文学术方面的文章。

来稿应是未公开发表的原创作品，文责自负，字数以五千字内为宜，并请自留底稿。三个月内未获采用通知，可另行处理。

本刊有权按照著作权法对来稿进行修改，如不同意修改，投稿时请注明。

来稿请附真实姓名、联络电话、通信地址、电邮地址及一段不多于一百字的个人简介（注明籍贯），寄电子邮箱：hxq0731@163.com。为表谢忱，作品刊出后，即致稿酬和样刊。

《湘水》编辑部

图书在版编目（CIP）数据

湘水．第八辑 / 张京华等著．—长沙：岳麓书社，2022. 12
ISBN 978-7-5538-1748-4
I. ①湘 ... II. ①张 ... III. ①地方文化—湖南—文集
IV ① G127.64-53
中国版本图书馆 CIP 数据核字（2022）第 247508 号

湘水·第八辑
XIANG SHUI·DI-BAJI

主　　编：黄友爱
责任编辑：马美著
责任校对：舒　舍
装帧设计：吴颖辉
岳麓书社出版发行
地　　址：湖南省长沙市爱民路 47 号
直销电话：0731-88804152　88885616
邮　　编：410006
网　　址：www. yueluhistory. com
版　　次：2022 年 12 月第 1 版第 1 次印刷
开　　本：797 × 1092　1 / 32
印　　张：4.125
印　　数：1-2 000
书　　号：ISBN 978-7-5538-1748-4
定　　价：26.00 元
承　　印：长沙超峰印刷有限公司

如有印装质量问题，请与本社印务部联系
电话：0731-88884129